Die 68er

Biographie einer Generation

JÜRGEN BUSCHE

Die 68er

Biographie einer Generation

BERLIN VERLAG

 | Umschlaggestaltung: Nina Rothfos und Patrick Gabler, Hamburg | Typographie: Renate Stefan, Berlin | Gesetzt aus der Stempel Garamond und Helvetica Thin durch psb, Berlin | Druck & Bindung: Clausen & Bosse, Leck | Printed in Germany 2003 | ISBN 3-8270-0507-8

»Die Logik ist zwar unerschütterlich, aber einem Menschen, der leben will, widersteht sie nicht.«

Franz Kafka, Der Prozeß

Vorwort

Wir gehen tausendfach durch den Kaufhof. Wir tragen uns mit uns herum und geben den Glauben, daß alles gut wird, nie ganz auf, ungeachtet dessen, was wir ein Leben lang sagen und denken, und ganz gegen jegliche Vernunft. So ungefähr sagte es Peter Handke 1995, als er Arnold Stadler zu rühmen hatte. »Mit anderen Menschen um uns herum als am Anfang, ist am Ende einzig unser Glaube, daß alles gut wird, der alte.«

Damals hatte Stadler den Büchner-Preis noch nicht erhalten – und Handke ihn, wegen der Jugoslawien-Politik der soeben gewählten ersten rot-grünen Regierung der Bundesrepublik Deutschland, noch nicht zurückgegeben. Soeben ist Handke aus Anlaß seines 60. Geburtstages mit zwiespältigen Adressen bedacht worden. Und der zwei Jahre jüngere Bundeskanzler, der einst angetreten war, nicht alles anders, aber vieles besser zu machen als sein Vorgänger, muß nun, da er überraschenderweise für eine zweite Legislaturperiode gewählt worden ist, mehr anders machen als die meisten Kanzler seit Adenauer.

Die Welt der 68er ist aus den Fugen. Und sie wird sich nicht mehr so wieder zusammenleimen lassen, wie sie einst entworfen und gezimmert war. Vom Alten ist ihnen vielleicht wirklich nur die kindlich erworbene Zuversicht geblieben, »daß alles gut wird«. Der oft belästerte Zynismus der 68er, der stets den falschen – und manchmal dann doch nicht falschen – Hoffnungen der Älteren galt, hatte ihren eigenen Lebensoptimismus nie erreicht. Ihre Toskana schien unzerstörbar zu sein.

Die 68er – eine Generation erfolgsbewußt aufgewachsener Menschen, an guten Schulen und guten Universitäten dazu erzogen und dafür begeistert, von der Höhe des gesicherten Wohlfahrtsstaates aus und im Bewußtsein eines nicht mehr gefährdeten, wenn auch auf prekäre Weise gesicherten Friedens zivilisatorische Aufgaben überall in der Welt, am energischsten aber zu Hause in Deutschland in Angriff zu nehmen, soll jetzt Fundamente des Staates reformieren, die in mehr als hundert Jahren kaum verändert wurden. Und sie muß es angesichts von Tatsachen tun, wie sie einige Menschenalter zuvor undenkbar gewesen wären.

Die Alterserwartung der Menschen, damit die Zahl der Greise, die von der arbeitenden Bevölkerung ernährt werden müssen, übersteigt jedes zu früheren Zeiten vorstellbare Maß. Angesichts der heutigen medizinischen Möglichkeiten lassen sich viele Krankheiten nicht mehr als Schicksal betrachten. Zu Recht wollen davon alle profitieren. Aber für alle ist das nicht zu bezahlen. Die Sorge um Verteilungsgerechtigkeit stellt die Politiker vor Probleme wie nie zuvor in der Geschichte. Und diese Probleme müssen in den nächsten zehn, fünfzehn Jahren gelöst werden – in der Zeit also, die den 68ern gegeben ist, in ihrer Zeit politisch eine Rolle zu spielen, spät genug nach selbstverschuldeter Verspätung.

Auch das erwünschte Ende des Kalten Krieges, gegen

dessen intellektuell unerträgliche Rituale die 68er einst rebelliert hatten, brachte nicht die erwartete Befreiung von den Lasten, die einer anderen Zeit anzugehören schienen. Die Friedensdividende, auf die viele hochfahrend gehofft hatten, blieb aus. Statt weniger wird seither das Militär mehr beansprucht. Wo man dachte, künftig an den Soldaten sparen zu können, wird man demnächst für sie zusätzlich Geld ausgeben müssen. Seit dem Ende des Zweiten Weltkriegs waren deutsche Truppen nicht mehr in so vielen Ländern der Welt im Einsatz wie seit Beginn der rot-grünen Regierung – mit einem 68er an der Spitze und im Verteidigungsministerium.

Diese Generation bezog einmal die attraktivsten Aspekte ihres Aufbegehrens von dem Ernst, mit dem sie Bildungsprogramme in den Mittelpunkt ihrer Diskussionen rückte. Der Erfolg der 68er hatte zuerst bildungspolitische Konsequenzen. Manches ist in der Folge in die falsche Richtung gelaufen, aber der Kernpunkt ihrer Argumentation von damals ist immer noch nicht obsolet: Deutschland muß die Bildungsreserven in seiner Bevölkerung besser nutzen. Unterdessen ist jedoch die Ausstattung vieler Schulen auf das Kläglichste herabgekommen. Die deutschen Universitäten sind leistungsschwach wie schon seit zweihundert Jahren nicht mehr. Die Bildungspolitik ist ein Stiefkind der Parteien. Das ist nicht die Schuld der 68er. Aber sie konnten und können die Fehlentwicklung auch nicht steuern. Können sie sie aufhalten oder gar umkehren?

Alles, was dieser Generation zu tun jetzt aufgegeben ist, weist weit über die Grenzen hinaus, innerhalb deren sich für gewöhnlich die politischen Aufgaben einer Ära stellen. Und dies stößt nun einer Generation zu, die wie kaum eine andere vor ihr allein nach den von ihr aufgestellten oder akzeptierten Bedingungen in ihrer Zeit leben wollte. Die 68er hatten, eigenen Lektürelisten folgend, Geschichte gelernt, um den angeblich zwingenden Diktaten der Geschichte zu entkommen. Damit haben sie Deutschland verändert – wie nach der Wiedervereinigung 1989 offensichtlich wurde. Historischen Prägungen unterworfen, war die Bevölkerung der DDR weit mehr alter deutscher Mentalität verhaftet als die Bevölkerung der Bundesrepublik, die – gewollt oder ungewollt – vom Geist der 68er durcheinandergewirbelt worden war.

Konrad Adenauer hatte einst gesagt: »Es muß alles neu gemacht werden.« Er hat dann nur einige, allerdings höchst bedeutsame, Weichen neu gestellt. Davon hatte zunächst niemand größeren Vorteil gehabt als die heranwachsende Generation der 68er. Jetzt sind sie es, die wirklich alles neu machen müssen: Die Rentenversicherung, die Krankenversicherung, das Bildungssystem, das Militär. Auch die Europa-Politik ist nicht mehr das, was der erste Kanzler der Bundesrepublik einst anschob und der letzte Kanzler einer programmatisch wie personell zusammenhängenden CDU-Epoche – vielleicht der glücklichsten Epoche der deutschen Politik – mit der Einführung der gemeinsamen Währung, des Euro, zum vorläufigen Höhepunkt brachte. Das seither weit größer gewordene Europa muß politisch neu gedacht werden, und die CDU scheint sich von dieser Aufgabe zu verabschieden. Das darf nicht das Ende konstruktiver Beiträge Deutschlands bei der Schaffung eines vereinten Europa bedeuten. Niemand sollte das besser verstehen können als die 68er.

Schwieriger, als Adenauer sich das hätte vorstellen können, wird sich das Verhältnis zur einzig verbliebenen Weltmacht, zu den Vereinigten Staaten von Amerika gestalten. Auch hier kann man im Berlin der rot-grünen Bundesregierung nicht auf Erfahrungen und Einsichten zurückgreifen, die frühere Außenpolitiker gemacht und gesammelt haben. Die USA selbst kennen sich in ihrer neuen Rolle noch nicht. So gibt es Anzeichen dafür, daß man in Washington beginnt, in der Europäischen Union einen möglichen Konkurrenten auf der weltpolitischen Bühne zu sehen. Damit müssen die Europäer umzugehen lernen. Und immer noch und auch weiterhin ist es so, daß das jedes europäische Land für sich allein lernen muß. Für die 68er an den Schaltstellen der deutschen Politik mag das hier und da nicht nur ein schlichtes Neulernen, sondern auch ein kompliziertes Umlernen bedeuten: von selbstgerechten Vorurteilen, die zumeist falsch waren, zu kritischen Urteilen, die einigen der Vorurteile von einst sehr ähnlich sein könnten. Was eine zusätzliche Lernpflicht heraufbeschwört: Wie geht man in der dünnen Luft, die verantwortliche Politik bisweilen umgibt, damit um? Das einmal begonnene Spiel kann nicht einfach abgebrochen werden. Auch wenn das Spiel ein anderes geworden ist.

Die 68er hatten sich, als sie in der Politik ihren aufhaltsamen Marsch an die Spitze der Institutionen absolvierten, solche Fragen eigentlich nicht stellen wollen. Und dann schon gar nicht, wenn sie oben angekommen wären. Jetzt sind sie längst oben angekommen. Und jetzt stellen sich diese Fragen in einer Schärfe und eingebunden in eine kaum noch zu überschauende Komplexität, wie das in den vergangenen Jahrzehnten so nie der Fall gewesen ist. Fast sah es zu Beginn der zweiten Legislaturperiode der rot-grünen Koalition danach aus, als müßten Bundeskanzler Gerhard Schröder und seine wichtigsten Mitarbeiter wieder einen neuen Job lernen, der aber doch der alte war.

Eine seltsam anmutende Eigentümlichkeit gab es da zu beobachten. Der nach äußeren Daten untypische und vielleicht gerade deshalb am ehesten typische 68er Gerhard Schröder bevorzugt alte Männer auf verantwortungsschweren Posten. Sein Innenminister, Otto Schily, ist älter als siebzig und war zuletzt Alterspräsident des Deutschen Bundestages. Auch der neue Superminister für Wirtschaft und Arbeit, Wolfgang Clement, ist schon aufgrund seines Alters keiner, der zu den 68ern gehört. Solche Kooperation über ansonsten scharfe Generationengrenzen hinweg gab es auch an den Universitäten der sechziger Jahre, als die aufbegehrenden Studenten sich von den etwas älteren linken oder wenigstens progressiven Professoren und Assistenten das intellektuelle Rüstzeug für ihre Gesellschaftskritik zubereiten ließen – ohne bei ihren Auftritten auf die handfesteren Mittel zu verzichten.

Gegenüber jüngeren Mitgliedern des Kabinetts zeigt Schröder hinwiederum eine befremdliche Gleichgültigkeit. Fast scheint es, er interessiere sich gar nicht dafür, wie oder warum sie in ihr Ressort gelangt sind. Das hat gewiß auch mit dem habituellen, mal freundlichen, mal provozierenden Desinteresse zu tun, mit dem viele 68er jüngeren Zeitgenossen begegnen. Die Studenten der sechziger Jahre, zumal die, deren Fächer geisteswissenschaftlich gefärbt waren, lasen viel Theorie, und es gab durchaus anspruchsvolle Bücher, deren Lektüre damals unter Gleichaltrigen beinahe obligatorisch war, obwohl es dafür keine andere Sanktionsinstanz gab als die allgemeine Gesprächsstimmung beim Dabeisitzen, wo immer etliche Studenten zusammensaßen. Viele 68er kennen eine Arroganz des hochgestochenen *namedropping* mit Koryphäen, die nur in dieser Generation so hoch geschätzt wurden und in den Reihen dieser Generation fast so etwas wie eine geistige Diktatur ausübten: Adorno, Bloch, Lukács, Mitscherlich, Althusser und manch andere. Nicht daß Schröder an diesen Exerzitien teilgenommen hätte. Aber das Selbstbewußtsein, das man dabei entwickeln konnte, das hat ihn auch fasziniert, bis er es, lange genug von der Universität entfernt, als das eigene adoptierte: Die jungen Leute haben nichts mehr gelesen, es lohnt sich nicht, sich mit ihnen zu unterhalten! Vielleicht war die 68er Generation die letzte, die sich solches Reden leisten konnte – überheblich zwar, aber doch wahrheitsgemäß.

Immerhin, das zweite Kabinett des ersten 68er-Kanzlers, das erste rot-grüne Kabinett, das sich mit dem ganzen Ernst einer der Größe der Aufgabe nach zweiten Gründung der Bundesrepublik konfrontiert weiß, könnte in seiner altersmäßigen Zusammensetzung eine Vertagung des Generationenkonfliktes bedeuten, wie er angesichts der Verteilungsungerechtigkeit zwischen den Generationen gegenwärtig droht. Die Reformen werden nicht den Jungen überlassen. Es liegt an den Jungen, ihre Interessen zur Geltung zu bringen. Damit sie dabei nicht allein sind, holen die 68er die Älteren zurück in den Ring, wo die Auseinandersetzungen stattfinden sollen.

Das ist gut gedacht. Nur vermißt man dabei, daß Politiker der 68er Generation selbst in den Blick kommen. Auch der Kanzler gehört dazu, gewiß. Aber er war nie ganz und gar 68er. Wer war das überhaupt? Als Politiker war Bundeskanzler Schröder immer ein Moderator. Waren die 68er nicht immer das Gegenteil von moderierend? Was waren die 68er? Was sind sie? Nicht dieser oder jener einzelne. Wie versteht man die Generation?

Erstes Kapitel

Eine Generation im Zeichen ihrer Kindheit

Die 68er Generation – der Titel scheint zu den Begriffen zu gehören, die nach einem Wort von Jacob Bernays jedem Gebildeten geläufig, aber keinem Denkenden verständlich sind. Die Jahreszahl weist auf ein Datum hin, das längst historisch geworden sein könnte. Aber das Reden von der Generation will auf Gegenwärtiges anspielen. Die Angehörigen dieser Generation, die nach der weit zurückliegenden Jahreszahl charakterisiert werden, können durchaus, heißt das wohl, heute noch nach dieser Charakterisierung erkannt und eingeschätzt werden.

Dabei fällt zunächst auf: Der historische Bezug, der mit dem Datum 1968 angegeben ist, erscheint willkürlich. Die Ereignisse, die damit angesprochen sind, erstreckten sich über mehrere Jahre. Das Jahr 1968 steht für die Studentenunruhen in Frankreich, die im Mai 1968 ihren spektakulären Höhepunkt erreichten. Für die westliche Welt wurde 1969 das dreitägige Pop-Festival von Woodstock im Staat New York mit 400 000 Teilnehmern zum historischen Fixpunkt, wenn von der Jugendrevolte der sechziger Jahre die Rede ist. Für die Entwicklung der

Dinge in Deutschland hingegen dürfte das Jahr 1967 von größerer Bedeutung sein. In diesem Jahr wurde in Berlin am 2. Juni der Student Benno Ohnesorg bei einer Demonstration von einem Polizeibeamten erschossen. Die Demonstration hatte sich gegen den Besuch des Schahs von Persien gerichtet, dem die brutale Unterdrückung seines Volkes und eine Politik vorgeworfen wurde, die allzusehr den Wünschen der westlichen Vormacht, den Vereinigten Staaten von Amerika entgegenkam. Es waren Bilder durch die Medien gegangen, die zeigten, wie persische Schläger unter den Augen Westberliner Polizisten mit langen Stöcken auf Demonstranten einprügelten. Hier hatte die Polizei nicht eingegriffen. Bei der Berliner Trauerfeier für Ohnesorg sagte der Theologe Helmut Gollwitzer: »Benno Ohnesorg ist durch seinen Tod zu einem Repräsentanten der großen, tiefgreifenden Bewegung geworden, die heute die deutschen Studenten – nicht nur in Berlin – erfaßt hat und die von der älteren Generation und bei den politischen und akademischen Behörden noch kaum begriffen wird.«

Der 2. Juni 1967 machte mehreres deutlich: Studenten demonstrierten nicht für universitäre, sondern für allgemeinpolitische Belange. Ihr Engagement galt einer rechtsstaatswidrigen Politik in einem fernen Land. Mit ihrem Engagement bezogen die Demonstranten zugleich Stellung im Kalten Krieg, sie richteten sich gegen die USA, den wichtigsten Verbündeten der Bundesrepublik und die entscheidende Schutzmacht der geteilten Stadt Berlin, deren westliche Sektoren vom Territorium der Deutschen Demokratischen Republik umgeben waren. Dieses von starken russischen Truppen besetzte Land war der wichtigste europäische Verbündete der Sowjetunion, des Hauptgegners der USA im Kalten Krieg.

Die Studenten in Westberlin und bald darauf in vielen Universitätsstädten von Kiel bis Freiburg, von Hamburg bis München setzten sich damit in einen scharfen Gegensatz zur Politik der deutschen Bundesregierung in Bonn, die sich auf breite Zustimmung im Parlament und in der Bevölkerung stützen konnte. Vorbereitet freilich war solche Distanzierung vieler Studenten von der offiziellen deutschen Politik durch die Proteste gegen den Vietnamkrieg der Amerikaner, der zu jenem Zeitpunkt noch nicht einmal in voller Schärfe entbrannt war. Desgleichen gab es 1967 an zahlreichen deutschen Universitäten unterschiedlich heftige Proteste gegen den Staat Israel, der seine feindlichen Nachbarn in einem überlegen geführten Krieg demütigte. Die Juden in Israel wurden nach der kommunistischen Sprachregelung als Zionisten attakkiert und als militärische Sachwalter des US-Imperialismus, der amerikanischen Interessen im Nahen Osten beschimpft.

Bezeichnet man die Jahre, denen die 68er Generation ihren nun schon über Jahrzehnte gleichbleibenden Nimbus verdankt, als die Jahre der Studentenbewegung, so ist das richtig und falsch. Es ist richtig, weil sich zunächst und für einige Zeit fast nur Studenten an den auffälligen Aktivitäten beteiligten und sie dafür nur in den Universitätsstädten unter ihren Altersgenossen eine zunehmend breiter und intensiver werdende Unterstützung fanden. Es ist, wenn nicht ganz falsch, so doch irreführend, insofern die aufbegehrenden Studenten zwar einerseits für eine radikale Veränderung der Lage an den Hochschulen eintraten – die berühmte Denkschrift des linken Sozialistischen Deutschen Studentenbundes (SDS) datiert aus dem Jahr 1965 –, sie sich andererseits aber schon früh und massiv in aktuellen Fragen der deutschen und der internationalen Politik engagierten. Und das taten sie oft mit Positionen, für die es weder in der offiziellen Politik, in den Parteien und Parlamenten, noch in den weithin verbreiteten Medien kräftige Stimmen gab.

So sprach man denn auch in den sechziger Jahren nicht nur von der Studentenbewegung, wenn von den aufmüpfigen Jungakademikern die Rede war, sondern man sprach von der neuen Linken, von der Außerparlamentarischen Opposition (APO) – dafür gab es als Alternativ-Appell »Antiparlamentarische Opposition« – und von der Antiautoritären Bewegung. Alle drei Bezeichnungen gewannen ihre Signalkraft aus Defiziten im öffentlichen Leben jener Zeit.

Die neue Linke entsprach dem Bedürfnis nach einer vorzeigbaren Alternative zu den im Westen herrschenden Verhältnissen. Die alte Linke war einerseits desavouiert durch die politische Praxis in den Ländern des Staatssozialismus – also der Sowjetunion und der mit ihr zwangsverbündeten Staaten. Die Begeisterung für das China Mao Tse-tungs kam erst später und wurde nie von allen geteilt, die zur 68er Generation gehören. Andererseits hatten die Sozialdemokraten, die verfassungstreue alte Linke in der Bundesrepublik, nach einer Serie von Niederlagen ihren Frieden mit den durch den ersten Bundeskanzler Adenauer geschaffenen Verhältnissen gemacht; die SPD strebte ein Bündnis mit der CDU an. Opfer dieses Schwenks, der durch den Parteitag von Bad

Godesberg 1959 seinen Namen erhalten hat, war unter anderen die Hochschulorganisation der Partei, der Sozialistische Deutsche Studentenbund (SDS). Dieser 1946 gegründeten Organisation entstand jetzt Konkurrenz im eigenen Lager: der Sozialdemokratische Hochschulbund (SHB). Im Juli 1960 brach die SPD die Beziehungen zum SDS ab, im November 1961 erklärte sie die Mitgliedschaft in SPD und SDS für unvereinbar. Der SDS wurde zu einer Art Jakobinerclub der Studentenbewegung: wenige Mitglieder, ungeheurer Einfluß auf Programm und Aktionen. Auch der SHB ging bald auf Distanz zur SPD-Politik und geriet ins Fahrwasser des SDS.

Die neue Linke war eine internationale Erscheinung, es gab sie in den USA ebenso wie in Italien und anderen europäischen Ländern. Auch die Studentenrevolte, darauf hat schon 1976 Kurt Lenk hingewiesen, war »international«, und er hatte hinzugefügt: »Das weiß man inzwischen, das wußten nicht alle, die 67/68 revoltiert haben.«

Das hatte gewiß damit zu tun, daß die Revolte in Deutschland, gerade wenn man sie als die Außerparlamentarische Opposition versteht (wie sie sich selbst wohl zeitweilig am liebsten verstand), ihre Impulse und ihre Überzeugungskraft aus den spezifischen Verhältnissen in der Bundesrepublik Deutschland bezog. 1966 war die langfristig angelegte Strategie der SPD aufgegangen. Im Deutschen Bundestag schlossen die Unionsparteien mit den Sozialdemokraten die Große Koalition, Bundeskanzler wurde das frühere NSDAP-Mitglied Kurt Georg Kiesinger von der CDU, Vizekanzler und Außenminister der Emigrant Willy Brandt, vielfach gefeierter Regierender Bürgermeister von Westberlin und zuvor zweimal als Kanzlerkandidat der SPD bei Bundestagswahlen gescheitert. Im Parlament saß nun auf den Oppositionsbänken allein die kleine FDP, und diese Partei war aufgrund ihres Personals und ihrer jüngsten Geschichte eher rechts von den großen Regierungsparteien einzuordnen. Eine linke Opposition gab es in diesem Parlament jetzt nicht mehr. Die Verschärfung des Namens APO zu Antiparlamentarische Opposition erfolgte – wo sie erfolgte – unter dem Eindruck einer aktualisierten Parlamentarismuskritik im akademischen Milieu, die teils auf kommunistische und rätedemokratische Theorien aus den zwanziger Jahren, zum Teil aber auch auf eine unbefangene Rezeption von Schriften des Staatsrechtlers Carl Schmitt zurückgriff, der am Ende der Weimarer Republik und in den ersten Jahren des Dritten Reichs eine vielbeachtete Rolle gespielt hatte und nach 1945 mit seinen Büchern stets präsent war, aber ansonsten zurückgezogen lebte.

Die antiautoritäre Bewegung war die von ihren Ursprüngen her vielleicht am wenigsten traditionell politische Kraft. Aber sie war es wohl, die den von den Universitäten ausgehenden Entwicklungen die größte Resonanz – erst negativ, dann positiv – in der Bevölkerung verschaffte. Die Ursprünge könnten unterschiedlicher nicht sein. Gewiß darf man im Phänomen der Halbstarken seit Mitte der fünfziger Jahre einen solchen Ursprung sehen – einen von mehreren. Bemerkenswert ist, daß die Halbstarken, provozierend in Kleidung, Umgangsformen und Gewaltbereitschaft auftretende Jugendliche, nicht dem akademischen Umfeld entstammten. Sie können als Ausdruck des frühen Protests gegen die starren Regelungsgewohnheiten der Kriegsgeneration begriffen werden; es gab sie in vielen Ländern diesseits und jenseits des Atlantiks.

In der Bundesrepublik sollten zudem die »Situationistische Internationale« und die »Subversive Aktion« eine gewisse Rolle spielen. Ursprünglich aus Künstlergruppen hervorgegangen, suchten sie Chancen der Provokation in der Politik und hatten damit Erfolg. Der nachmals bekannteste deutsche Studentenführer Rudi Dutschke – auf ihn wurde 1968 ein Pistolenattentat verübt, bei dem er schwer verletzt wurde – war nach seiner Flucht aus der DDR mit diesen Leuten in Kontakt gekommen. Ihre Gedanken brachte er in den SDS ein, und dort entwickelte sich fortan ein antiautoritärer Flügel neben dem altlinken, manche sagten stalinistischen. Unübersehbar ist freilich, daß auch gänzlich unpolitische Größen der antiautoritären Bewegung einen gewaltigen Auftrieb gaben. Da wären an erster Stelle die Beatles zu nennen, die von einer zunächst als anstößig empfundenen Gruppe zum Trendsetter nicht nur einer Generation, sondern ihrer Zeit und zu einer Art Mythos für die folgenden wurden.

Die unterschiedlichen Titel für die 68er Generation deuten auf zum Teil sehr unterschiedliche Erscheinungsformen hin, in denen sich das Besondere jener Jahre manifestierte. Da gibt es einen Diskussionszusammenhang, in dem eine umfangreiche, schwierige, oft entlegene, vielfach von entfernten Schauplätzen hereinströmende Literatur mit nicht geringer Disziplin bewältigt wurde. Da gibt es einen Aktionszusammenhang, in dem aufbruchsbewußt, aggressiv, intolerant, arrogant neue Positionen im inneruniversitären Reformstreit und außeruniversitär in politischen Auseinandersetzungen durchgesetzt werden sollten. Dabei führte man in Deutschland Kampfmethoden der amerikanischen Bürgerrechtsbewegung ein, die etliche der Studenten schon als Austauschschüler oder zuletzt während Gastsemestern an Universitäten in den USA kennengelernt hatten: amerikanische Begriffe wie *go-in* (mehr oder weniger friedliches Eindringen in einen durch die Eindringlinge zweckentfremdeten Raum), *sit-in* (mehr oder weniger friedliches Besetzen von Räumen zum Zweck der Verhinderung oder Durchführung fremder oder eigener Veranstaltungen) oder *teach-in* (zeitintensive Groß- oder Vollversammlungen ganzer Institutionen zum Zweck unhierarchischer Diskussionen von Analysen und Plänen). Da gibt es einen Lebenszusammenhang, der gestiftet wurde durch gemeinsames Musikhören, Sporttreiben, durch Auslandsreisen, Aufbegehren gegen angemaßte und mißbrauchte Autorität, Ungeduld angesichts ärgerlicher Mißstände, Empörung über alte und neue Verbrechen mit politischer Dimension. Aber auch Freude an der Ungezwungenheit der eigenen Lebensverhältnisse.

Man kann sagen, fast alle, die in den sechziger Jahren in der Bundesrepublik Deutschland studierten, hatten an einigen dieser Lebensmomente teil – selten an allen zugleich, aber sie wurden kaum als widersprüchlich empfunden, das kam erst später oder lag davor. Eben hier stellt sich die Frage der Eingrenzung: Generation, das ist kein exakt definierter, aber auch kein beliebig dehnbarer Begriff. Zudem ist nicht eindeutig, worauf sich die Feststellung einer Generation als einer wie auch immer vage umgrenzten Gruppe bezieht. Für die Frage nach den 68ern bedeutet das: Wo beginnt die Generation, wo endet sie, woher bezieht sie das Eigentümliche, das die verbindet, die ihr angehören?

Die vordem berühmteste Generation des 20. Jahrhunderts war die Erste-Weltkriegs-Generation, die sogenannte *lost generation* gewesen: so genannt, weil sie Menschen, junge Männer umfaßte, die nach dem Erlebnis des Grauens auf den Schlachtfeldern des Krieges mit dem Friedensschluß nicht oder nur schwer zu einem normalen Leben zurückfanden. Ernest Hemingway hat sie in seinem Roman *Fiesta* beschrieben. Hier ist ausschlaggebend ein Erlebnis, das (fast) alle männlichen Angehörigen einer begrenzten Zahl von Jahrgängen miteinander verbindet, unabhängig von ihrer gesellschaftlichen Stellung, ihres Bildungsgrades oder sonstiger Unterschiede im Persönlichen. Auch Hugo von Hofmannsthal hat in seinem Stück *Der Schwierige* die besondere Gestimmtheit des Kriegsheimkehrers thematisiert. In diesem Beispiel wird die Generation durch das als Gruppe bestimmt, was ihr aufgrund eines Ereignisses geschieht, das sie nicht veranlaßt und auf das sie keinen Einfluß hat. So begriffene Generation ist eine Schicksalsgemeinschaft, ihr Schicksal trennt sie von den Älteren und von den Jüngeren. Wer nicht erlebt hat, was sie zwischen zwanzig und dreißig erleben mußte, gehört nicht dazu.

Ein vergleichbares Erlebnis zur Bestimmung der 68er Generation gibt es nicht. Zunächst erreichte das meiste von dem, was für die 68er wichtig wurde, nur die akademische Jugend; was sie in den sechziger Jahren verarbeitete, steht nicht in einem unmittelbaren Verhältnis zur

Veränderung der Gesellschaft im ganzen. Viele Ideen, die mit den 68ern in Verbindung gebracht werden, weil diese sie am heftigsten diskutierten, wurden ihnen von Leuten nahegebracht, die eindeutig nicht zu ihrer Generation gehörten, und das Ergebnis der Diskussionen war auch oft nicht so, daß die Anstoßgeber darüber glücklich gewesen wären. Hier darf man die Namen Adorno und Habermas nennen, aber auch Alexander Mitscherlich oder Georg Picht. Günter Grass, heute gelegentlich als Kronzeuge für die durch die 68er herbeigeführten Veränderungen zitiert, gehörte Ende der sechziger Jahre zu den krassesten Kritikern der Bewegung. Diese Stichwortgeber – »Du möchtest dir ein Stichwort borgen, / allein, bei wem?« (Gottfried Benn) – hielten gleichwohl zumeist lebenslang an den Ideen fest, mit denen sie viele der Jüngeren beeinflußt hatten. Es war nach der Bundestagswahl 2002 für die CDU eine leichte Überraschung, daß sie zum ersten Mal bei den Wählern über sechzig verloren hatte.

Wollte man darüber hinaus Stichwort- oder Ideengeber von '68 aufzählen, so müßte man Namen wie Ernst Bloch und Herbert Marcuse, Frantz Fanon und Günter Anders, Gramsci und Battaglia nennen. Die Ideen für die 68er Generation waren nicht die Ideen der 68er Generation. Bemerkenswert ist die Energie der Rezeption. Das unterscheidet diese Generation auch von Leuten, die nur wenig älter sind: Alexander Kluge, Ulrich K. Preuß, Otto Schily – wahrscheinlich wären die Karrieren etwa dieser drei anders verlaufen, wenn es die 68er Generation nicht gegeben hätte. Aber wie wenig sie dazugehören, wird bei kaum jemand anderem so deutlich wie bei Otto

Schily, der in der ersten rot-grünen Regierung nicht nur seines Alters wegen eine Sonderstellung zu haben scheint, sondern auch wegen seines Staatsverständnisses, das ihn in der Rolle des Innenministers so verblüffend abhebt von der Rolle, die er, ein Vierteljahrhundert zuvor, als Verteidiger in Terroristenprozessen spielte, und wieder etliche Jahre davor als APO-Anwalt. In mustergültig konservativer Weise hat Schily dann in sein Amt gefunden, so daß er dort keine Angriffsfläche für CDU und CSU bot. Ähnliches kann man von dem wesentlich jüngeren Grünen-Politiker Joschka Fischer sagen, der als Außenminister die europäische Politik von Bundeskanzler Kohl ohne Fehl und Tadel fortsetzte.

Beide, Schily und Fischer, gehörten nicht der Studentenbewegung an, der eine war zu alt, der andere war zwar nur knapp zu jung, vor allem aber war er kein Student – Fischer ist der den 68ern nachfolgenden Protestbewegung der siebziger Jahre zuzurechnen, der – nach einem Wort Ulrich Raulffs – »Flakhelfer-Generation der 68er«. 68er aufgrund seines Alters dagegen ist Gerhard Schröder, wenn auch nicht in wichtigen Zügen seiner Biographie. Altersmäßig das gleiche gilt für seine Vorgänger im Amt des SPD-Vorsitzenden und in der Rolle des Kanzlerkandidaten Lafontaine und Scharping. So unterschiedlich diese drei Männer sind – es zeigt sich, daß die Ereignisse der sechziger Jahre sie wenig geprägt haben und überhaupt nicht so, daß sie sich deshalb ähnlich wären. Andererseits sind sich, über gewaltige Distanzen hinweg, Schily und Fischer ähnlich – auch aufgrund dessen, was die Studentenbewegung oder die neue Linke oder die APO ihnen bedeutet hat.

Was dagegen die – oft als Enkel Willy Brandts vorgestellten – drei oder, wenn man Björn Engholm hinzunimmt, vier SPD-Vorsitzenden nach Jochen Vogel miteinander verbindet, ist eine gewisse Nonchalance gegenüber ihrer politischen Aufgabe. Zweien, Engholm und Scharping, wurde das zum Verhängnis. Lafontaine und Schröder irritierten vor allem ihre eigenen Freunde, der eine, indem er nach einer verlorenen Bundestagswahl zu einem längeren Urlaub in die Karibik aufbrach und den Parteivorsitz ablehnte, der andere, indem er vor der Bundestagswahl, in die er als Kanzler ging und die er, wie sich zeigte, zu seiner eigenen Überraschung doch noch gewann, vernehmen ließ, er könne sich auch vorstellen, demnächst in New York zu leben. Die Prägung, die solche Ungezwungenheit begünstigte, war nicht in den sechziger Jahren erfolgt.

Überhaupt gibt es in den sechziger Jahren wohl Daten, die eine gewisse Bedeutung für die 68er Generation hatten, aber dann doch eher in dem Sinne, daß sie zu den Geschichten gehörten, die zu erzählen waren (wie Neil Armstrongs Flug zum Mond), wenn es um das Neue ging, als daß damit das Gemeinsame eines Schicksals hätte beschworen werden können (wie die Erfindung der Anti-Baby-Pille durch Djerassi). Diese Daten sind keineswegs nur äußerlich und durchaus mit bescheidener Beweiskraft geeignet, in diesem Jahrzehnt erinnerungswerte Stationen, aber auch die Grenzen für ein vorher und nachher zu bezeichnen. Für die Studentenbewegung dürften so am Anfang die Schwabinger Krawalle (Juni 1962) und die Demonstrationen zur *Spiegel*-Affäre (Oktober 1962) stehen. Im letzteren Fall wurde spontan der

Staatsmacht entgegengetreten, als die Pressefreiheit bedroht war – und die Staatsmacht ging in jeder Hinsicht als Verlierer aus der Konfrontation hervor. Zu den Schwabinger Krawallen kam es, als in dem Münchner Stadtteil Schwabing zwei Gitarristen auf der Straße spielten, ein Paar barfüßig dazu tanzte und die Polizei versuchte, die Musiker wegen ruhestörenden Lärms festzunehmen. Die sich daraus entwickelnde Schlägerei fand über mehrere Tage hin Fortsetzungen, Jugendliche wurden von der Polizei zusammengeschlagen, es gab etwa zweihundert Festnahmen. Die Ordnungsmacht hatte sich herausgefordert gefühlt – und sich unfähig gezeigt, angemessen vorzugehen. Zwei Niederlagen der alten Autoritäten, zwei Ereignisse, auf die die Nachkriegsgesellschaft erst jetzt in weiten Teilen mit dem Wunsch nach mehr Flexibilität und Liberalität reagierte. Das Unbehagen an den gezeigten Auswüchsen staatlicher Gewalt war größer als das Mißfallen an dem, was den Einsatz ausgelöst hatte.

Damit war der Weg zu einer zivilen Bürgergesellschaft neuen Typs in Deutschland eröffnet. Umgekehrt hatten die Demonstranten und Randalierer ein völlig neues Bewußtsein ihrer Macht bekommen. Das sollten sie in den folgenden Jahren ausbauen und nutzen.

Zur anderen Seite hin wurde mit der Kanzlerwahl nach der Bundestagswahl 1969 ein Weg erfolgreich beendet, der 1961 begonnen worden war, als Willy Brandt zum ersten Mal als Spitzenkandidat der SPD bei einer Bundestagswahl antrat. Ein Vorspiel dazu war die Wahl Gustav Heinemanns zum Bundespräsidenten gewesen. Zum ersten Mal wurden damit auf Bundesebene bis dahin gültige Gesetze des Machterhalts der Regierenden durchbrochen: Die FDP unter neuer Führung kündigte das Zusammengehen mit den Unionsparteien auf. Diese, obwohl immer noch stärkste Kraft im Bundestag, wurden von der Regierungsbildung ausgeschlossen. Der heimgekehrte Emigrant wurde Kanzler, das einstige Mitglied der Hitler-Partei, Kiesinger, mußte aus dem Amt gehen. Der Vorgang wurde von den Siegern des Augenblicks wie eine Neugründung der Bundesrepublik empfunden und gepriesen. Jetzt fange man mit der Demokratie erst richtig an, sagte Brandt. Das entsprach zwar nicht der Geschichte, welche die 68er Generation erlebt hatte, aber es entsprach der, die sie erleben wollte.

Man kann zudem symbolisch zwei weitere Daten zur Eingrenzung der wichtigen Jahre in dem bewegten Jahrzehnt nennen. Im Oktober 1962 hielt die späterhin als Surrealismus-Expertin bekannte Literaturwissenschaftlerin Elisabeth Lenk (aufgrund ihres Alters nicht zu den 68ern zu zählen) auf der 17. ordentlichen Delegiertenkonferenz des SDS in Frankfurt am Main ein Referat, in dem sie ausführte, sozialistische Theorie sei »die Respektlosigkeit, ... gesellschaftliche Grenzen des Nachdenkens zu überschreiten. Sie sucht nicht nur Teilstücke, sondern die Gesellschaft als Ganzes zu durchschauen.« Auf der letzten, der 23. Delegiertenkonferenz im September 1968 ebenfalls in Frankfurt, trat die Sprecherin des »Aktionsrates zur Befreiung der Frau« Helke Sander auf und beklagte die Unterdrückung der Frauen im SDS: viele hätten einfach Angst, ans Rednerpult zu gehen. »Wir werden uns nicht mehr damit begnügen, daß den Frauen gestattet wird, auch mal ein Wort zu sagen, daß man sie, weil man ein Antiautoritärer ist, anhört, um dann zur

Tagesordnung überzugehen.« Nach ihr sprach einer der brillantesten Theoretiker des Frankfurter SDS, Jürgen Krahl. Er war über die Ludendorff-Jugend und die Junge Union zur Linken gestoßen und gedachte nun in der Tagesordnung fortzufahren. Die Frauen bewarfen ihn mit Tomaten, die sie in Erwartung des Üblichen mitgebracht hatten. Tatsächlich spielten Frauen in den Bewegungen, von welcher Seite sie man auch auffassen will, eine marginale Rolle, die fast nie über das Nähen von Vietcong-Fahnen oder ähnliches hinausging.

Andere für die 68er wichtige Daten aus diesem Jahrzehnt sind der Protest gegen den Vietnamkrieg, gegen die Verabschiedung der Notstandsgesetze durch den Deutschen Bundestag, aber auch die Wahrnehmung des Auschwitz-Prozesses und die Debatte um die Verjährung von Nazi-Verbrechen. Die Erschießung des Studenten Benno Ohnesorg und das Attentat auf Rudi Dutschke beunruhigten nicht nur die Studenten.

Aber all das wurde von den einen mehr und den anderen weniger intensiv registriert und diskutiert. Ein Sich-nicht-entziehen-Können gab es dabei nicht, nicht einmal im akademischen Milieu. Die Theorie-Diskussionen, die bald zum herausragenden Merkmal für die Zeit der 68er werden sollte, berührte das alles wenig. Wenn sie an aktuell Geschehenes anknüpften, so entweder mit verstiegener Überinterpretation, die rasch vergessen wurde, oder mit großer intellektueller Geste, die auf Grundsätzliches verwies, das unverdrossen mit gemeinschaftlich absolvierter Marx-Lektüre erschlossen werden sollte. Existentialistisches Pathos war dieser Generation schon damals fremd, und der moralische Camus blieb ihr länger lieb als der reißerisch wirkende Sartre. Obwohl die eigene Praxis der Sartres näher war als der von Camus.

Ein Datum allerdings ist zu nennen, das jedem aus der 68er Generation wenigstens dem persönlichen Erleben des Tages nach so präsent ist wie ihren Vätern der 8. Mai 1945, der Tag des Kriegsendes. Für die Generation der 68er ist das der Tag, an dem der amerikanische Präsident John F. Kennedy erschossen wurde, der 22. November 1963. Jeder von ihnen weiß, was er damals getan hat, wo ihn die Nachricht erreichte und wie er reagierte. Das, nicht die Landung des ersten Menschen auf dem Mond, ist für die 68er das haftengebliebene Ereignis der sechziger Jahre. Aber nicht das Ereignis brachte die Generation zusammen. Umgekehrt: Weil die Generation schon so geformt war, wie sie in der Geschichte des Landes ihre Sonderrolle spielen sollte, war für sie gerade dieses Ereignis ein besonderes.

Es empfiehlt sich mithin, zur Bestimmung einer Generation sich eines anderen Kriteriums zu bedienen: Etwas, das dann nicht für jede Generation die gleiche Bedeutung haben muß, was aber, indem es in diesem Fall aussagekräftig ist, auch zum Verständnis der Generation beitragen kann. Gefragt wird, was für die Großgruppe derer, die in den sechziger Jahren in der Bundesrepublik Deutschland Studenten waren, das Gemeinsame ist, das bedeutsam und stark genug war, um alle oder doch einen relevanten Teil davon so zu bilden und zu formen, daß sie gemeinsame Merkmale aufweisen, die vor allem durch den zeitlichen Rahmen sich als Generationsmerkmale identifizieren lassen. Dabei ist zu beachten, daß nie alle Generationsmerkmale für alle die gelten, die zeitlich zu dieser Generation gehören. Der gelegentlich von dem Historiker Joachim Fest geäußerte Satz, die 68er Generation müsse man überspringen, da von den ihr Angehörenden nichts gekommen und nichts zu erwarten sei, läßt viele Ausnahmen zu – auf allen Ebenen –, die zu einem Urteil herausfordern.

Das Gemeinsame in den Biographien der Studenten der sechziger Jahre ist die Frage der Wahrnehmung von Krieg und Kriegsende in Deutschland oder vielmehr die Tatsache, daß die Betreffenden aus Altersgründen das Kriegsende nicht bewußt wahrnahmen, nicht wahrnehmen konnten. Mit anderen Worten, daß sie damals jünger als drei, vielleicht nur zwei Jahre alt waren. Das begrenzt die zu definierende Generation auf die Geburtsjahrgänge 1942 oder 1943 als die ältesten der ihr angehörenden. Eine andere Erfahrung, die allen Kindern und Heranwachsenden der ersten Nachkriegszeit gemeinsam ist, ist das Ende des Mangels und der Beginn des Wirtschaftswunders mit allen Auflösungserscheinungen bei den bis dahin gültigen Maßstäben des Zusammenlebens, wobei der wenn auch kindlich vorgenommene Vergleich von früher und jetzt im Zeitschritt wichtig ist. Das begrenzt die in Frage stehende Generation auf die Jahrgänge 1948 oder 1949 als die jüngsten der ihr angehörenden. Wer später geboren wurde, hat die für Familienleben, gesellschaftliche Umgebung, Erziehung, Unterhaltung und Freundschaften herrschenden Bedingungen der frühen fünfziger Jahre nicht mehr bewußt erlebt. Wer zur 68er Generation gehört, war 1967, als Benno Ohnesorg erschossen wurde, mindestens 19 und höchstens 25 Jahre alt. Er war Studienanfänger, konnte aber auch sein Studium schon beendet haben. In dem einen wie in dem anderen Fall hatte er absolut sichere Berufsaussichten.

Die 68er Generation ist eine Generation, die ihre entscheidende Prägung in kindlichem Alter zwischen zwei und zwölf Jahren erhalten hat, in einem Alter, in dem eine intellektuell kontrollierte Abwehr gegen viele Prägungsversuche unmöglich ist. Die familiären und gesellschaftlichen Bedingungen in Westdeutschland zwischen 1945 und 1955 unterscheiden sich erheblich von den Bedingungen, mit denen spätere und frühere Generationen in diesem Alter zu tun hatten. Und aufgrund dieser Prägungen entwickelte die 68er Generation in den sechziger Jahren den Typus, der sprichwörtlich wurde und es geblieben ist. Der Soziologe Jürgen Habermas wies schon 1967 in einer Rede vor den »Vereinigten Deutschen Studentenschaften« (VDS) darauf hin, daß die bürgerliche Jugend der fünfziger und sechziger Jahre in einer zum Teil von ihr selbst aufgestöberten und organisierten Subkultur groß geworden sei, in der ökonomische Zwänge unbedeutend gewesen seien. Was in dieser Gesellschaftsschicht früher noch an Tugenden und Opfern vom einzelnen verlangt worden sei, spiele keine Rolle mehr. Der gesellschaftliche Reichtum habe dazu geführt, daß das Leistungsprinzip seine Funktion für die Einordnung des Individuums in die Hierarchie der Gesellschaft verloren habe. Die Studentenbewegung, so Habermas, sei auf dem Wege, der historisch überholten Leistungsideologie den Rest zu geben. [Zitiert nach Fichter/Lönnendonker: *Kleine Geschichte des SDS*].

Zweites Kapitel

Väter und große Brüder

Schon im Oktober 1968 erschien eine kritische Bestandsaufnahme zu den Ansichten der, wie es im Titel des Buches hieß, »Neuen Linken«. Der Herausgeber, der Kölner Soziologe Erwin K. Scheuch, bemerkt in seiner Einleitung, er habe »in erster Linie Wissenschaftler derjenigen Generation zu Wort kommen lassen, die jetzt dabei ist, in den Führungspositionen diejenige Generation abzulösen, welche in den verschiedenen Industriegesellschaften mehr oder weniger gut die Aufgabe bewältigte, aus dem Chaos der unmittelbaren Nachkriegszeit wieder eine bewohnbare Welt zu machen. Daß dies keine moralisch tragbare Welt wurde, ist einer der wesentlichsten Vorwürfe der ›Neuen Linken‹. Autoren der Jahrgänge 25 bis 32 waren Zuschauer der Entscheidungen der Nachkriegszeit und Mitarbeiter in ihrer Ausführung – meist in kritischer Distanz.«

Die Hauptlinien des aktuellen Konflikts, heißt es dann bei Scheuch weiter, »verlaufen nicht zwischen Vätern und Söhnen, sondern zwischen dieser mittleren Generation und denjenigen, die in einer Welt aufwuchsen, die materiell erträglich und in der die Unmenschlichkeit des Krieges nicht eigene Lebenserfahrung, sondern Überlieferung war«. Diese Beschreibung ist, obzwar nicht frei von Selbstmitleid, in der Unterscheidung der Generationen doch vom Ansatz her richtig. Dennoch sind ergänzende Hinweise auf die Konstellation der Generationen anzubringen.

Auch Scheuch faßt sieben bis acht Jahrgänge zu einer Generation zusammen. Er leitet dies von den Geburtsdaten der Autoren seines Buches her, verleiht ihnen anschließend aber das Signum einer Generation, ohne das weiter zu begründen. Sein Interesse gilt der Gegenüberstellung von Vätern der 68er – auch im übertragenen Sinne: Professoren etwa aus der Generation der Väter – und den Aktivisten der neuen Linken. Ausgehend von diesem Schema kommt er zur Kennzeichnung der Generation seiner Autoren als »mittlerer Generation«. Das ist ganz unspezifisch dahingestellt, vielleicht nur mathematisch errechnet als Mitte zwischen den Geburtsdaten der Väter (1908 bis 1916) und denen der Söhne (1942 bis 1948). Da befände sich dann mancher Jahrgang in einer Mittellage, auf die das Wort Mitte kaum noch zuträfe, etwa die 1923 (Rudolf Augstein) oder 1938 (Klaus Töpfer) Geborenen. Man muß, wenn man Jahrgänge nach Generationen zusammenfaßt und diese historisch charakterisiert, stets bedenken, daß solche benennbaren Generationen (»*lost generation*«) die Ausnahme bilden. Allgemein hat jede Familie ihre eigene Generationenfolge, und darum gibt es in einem hinreichend großen Gemeinwesen so viele Generationen, wie es Jahrgänge gibt. Wenn es von einem Geschäft heißt, es werde von seinem Inhaber bereits in der vierten Generation geführt, so läßt sich das allenfalls zufallsweise mit einem an historischen

Daten gewonnenen Generationsbild in Übereinstimmung bringen. Nur der Familienroman darf das immer.

Um die konflikthafte Generationenkonstellation, die auch Scheuch im Blick hat, plastisch hervortreten zu lassen, könnte man statt von der »mittleren Generation« von der »Generation der großen Brüder« sprechen. Dabei handelte es sich dann um diejenigen, die so viel älter als ihre Geschwister sind, daß sie von diesen fast schon zu den Großen in der Familie gezählt werden. Das läßt genug Spielraum für die Zuordnung. Enger zu bestimmen ist nun diese Große-Brüder-Generation und die Väter-Generation, wenn solche Kennzeichnung sinnvoll sein soll, wiederum nach prägenden Begebenheiten oder Situationen ihrer Zeit. Da zeigt es sich, daß die Zusammenfassung der Jahrgänge, wie sie Scheuch vorgenommen hat, als sinnvoll bewiesen werden kann, wenn auch vielleicht ein wenig zu korrigieren ist.

Die Generationen, mit denen die 68er in Konflikt gerieten, waren die der Väter und der großen Brüder. Dieser Konflikt ist deshalb bedeutsam und geht über das Übliche von Generationskabbeleien weit hinaus, weil mit ihm ein Kulturbruch und Mentalitätswandel vollzogen wurde, wie er zuvor in der deutschen Geschichte zuletzt Anfang der sechziger Jahre des 19. Jahrhunderts stattgefunden hatte. Dieser Wandel ging einher mit einem erst erzwungenen, dann gewollten und zuletzt offenen Auges vollzogenen radikalen Wechsel der deutschen Politik, was Deutschlands Stellung in Europa und in der Welt betraf.

Wie sehr dabei Koordinaten der Politik, des Bildes, das viele von ihr hatten, verändert wurden, veranschaulicht ein Zitat aus einem Kommentar, den Rudolf Augstein unter seinem – bekannten – Pseudonym Jens Daniel Anfang Januar 1952 zum Schuman-Plan im *Spiegel* schrieb: »Erst wenn wir den Schuman-Plan, diesen ersten Akt einer Politik gegen die nationale Existenz, unterzeichnen, sind wir im Begriff, den Krieg vollständig zu verlieren.«

Kern des Kommentars ist der Vorwurf gegen Adenauer, er verfolge seine Politik der Westbindung der Bundesrepublik auf Kosten der Chancen, zu einer Wiedervereinigung Deutschlands zu kommen, also zu Lasten der Deutschen in der Sowjetischen Besatzungszone. Das war legitim. Aber doch wohl zu sehr eingenommen von der Berechtigung seiner Kritik, beschwört Augstein Denkfiguren herauf, die im Rückblick einer ganz anderen Zeit anzugehören scheinen als der, in der wir die Geschichte der Bundesrepublik suchen. Den Begriff der nationalen Existenz würde schon kaum einer mehr von den jungen Leuten in den Mund genommen haben, die zehn Jahre später, 1962, für den verhafteten Rudolf Augstein während der *Spiegel*-Affäre auf die Straße gingen, um für die Pressefreiheit zu demonstrieren. Noch massiver kommt der Mentalitätswandel, der in den sechziger Jahren krisenhaft evident wurde, in der später nicht mehr nachvollziehbaren Vorstellung zum Ausdruck, man hätte in der Geschichte der Bundesrepublik einigen ihrer Politiker ernsthaft mit der Mahnung kommen dürfen, nicht durch eine falsche Politik dafür zu sorgen, daß damit der Zweite Weltkrieg vollständig verloren werde. Erstens hatte sich schon früh die Auffassung durchgesetzt, daß man sich – im Gegensatz zum Ersten Weltkrieg – einen gewonnenen Zweiten Weltkrieg nicht wünschen könne. Von dieser Auffassung scheint der Augstein des Jahres

1952 noch weit entfernt zu sein. Zweitens war sicherlich den meisten Deutschen das Geschehen von 1945 und der ersten Jahre danach in einer Weise in Erinnerung, die kaum eine Vorstellung davon zuließ, wie man den Krieg noch vollständiger hätte verlieren können. Und drittens zeigt der frühe Kommentar, wie fern sein Autor einer Entwicklung steht, an deren einstweiligem Ende junge Intellektuelle, die zu ihrer Zeit Augsteins demokratische Leistung als Publizist bewundern, der Meinung sind, daß die Niederlage in Hitlers Krieg gar nicht vollständig genug ausfallen konnte und für Deutschland keinen Zusammenbruch – wie es lange geheißen hatte –, sondern eine Befreiung bedeutete. Welch ein Wandel durch Gottes Fügung, hätte der alte Kaiser Wilhelm gesagt.

Diesen Wandel hat die Generation der Väter eher apathisch mitgemacht als innerlich vollzogen. In der Generation der großen Brüder war er umstritten; nicht, was seine moralischen Ziele anbetraf, wohl aber wegen der Zweifel, ob man sich auf dem richtigen Weg dahin befinde. Die Generation der großen Brüder könnte man auch die »wachsame Generation« nennen. In der 68er Generation war das Programm des Wandels Realität geworden. Jetzt ging es darum, die Gesellschaft an die Konsequenzen zu gewöhnen, die sich aus dem zugrunde liegenden Programm ergaben, auch wenn sie darin nicht in jeder Hinsicht ausdrücklich formuliert worden waren. Eine dieser Konsequenzen bestand in einer neuen Haltung gegenüber traditionellen Autoritäten, soweit diese lediglich auf Strukturen beruhten.

Der Urheber dieses Programms aber und sein mit höchster Autorität auftretender Präzeptor war Konrad

Adenauer, der erste Bundeskanzler des neuen Landes, gewesen. Seine Parole hieß: Freiheit der Deutschen nicht ohne die Freiheit der westlichen Staatengemeinschaft – Deutsche Einheit nicht ohne die Freiheit der Deutschen. Aber Adenauer war im Großvater-Alter, als 1949 die Bundesrepublik gegründet wurde. Der Generation der Väter – derer, die in den dreißiger Jahren Hitler zugejubelt hatten – hat er immer mißtraut. Dieser Generation wollte er in Deutschland zu seinen Lebzeiten keine politische Macht mehr überlassen.

Die Väter-Generation war geprägt von extrem widersprüchlichen Erfahrungen. Entscheidend für die meisten von ihnen dürfte der Umschwung gewesen sein aus der Verworrenheit und wirtschaftlichen Hoffnungslosigkeit der Lage in den letzten Jahren der Weimarer Republik heraus und hinein in die insgesamt nur scheinbare, im persönlichen Bereich aber oft reale politische Sicherheit und wirtschaftliche Prosperität der ersten Jahre der Hitler-Diktatur. Armut und Zukunftsangst hatten die Angehörigen dieser Generation schon als Kinder und Jugendliche erlebt, am Ende des Ersten Weltkriegs, nach der Niederlage, nach der Inflation. Zugleich aber waren sie in diesen frühen Jahren mit einem ungeheuren Pathos des nationalen Selbstbewußtseins aufgewachsen – von dem sich das Pathos eines revolutionsbereiten Selbstbewußtseins auf seiten der Linken kaum unterschied.

Die Väter-Generation war mit dem Glauben an eine führende Rolle der Deutschen in der Welt groß geworden. Nicht wenige von ihnen waren überzeugt, daß man 1933 wieder damit begonnen habe, dieser Rolle gerecht zu werden. Das Unrecht, das man bei der Gestaltung dieser Zukunft anderen antat, wurde ideologisch oder machttheoretisch verbrämt. Nicht immer brauchte es dazu die diktatorisch eingesetzte Gewalt des Staates. Ein Beispiel: Im September 1927 erließ die preußische Regierung auf Veranlassung des Kultusministers Carl Heinrich Becker eine neue Verordnung über die Bildung von Studentenschaften. Darin ging es auch um die Frage, wer Mitglied sein durfte. Einerseits sollten auch auslandsdeutsche – gemeint waren vor allem österreichische – Studentenorganisationen zur deutschen Studentenschaft gehören können. Andererseits sollten ebenso alle Auslandsdeutschen, die studierten, Mitglied sein dürfen. Das scheiterte aber an den Österreichern, die eine Mitgliedschaft von Juden ausdrücklich ausschlossen. Die Gesamtstudentenschaft in Deutschland sah in der Forderung Preußens, Verbände, die Juden ausschlössen, nicht bei sich aufzunehmen, ein Manöver gegen ihre großdeutschen, also auf ein Zusammengehen mit Österreich zielenden Ambitionen. Da in der neuen Verordnung zugleich Einschränkungen der studentischen Selbstverwaltung in finanziellen Belangen festgelegt wurden, lehnte die Gesamtstudentenschaft diese Verordnung ab.

Daraufhin stellte die Regierung die Zukunft der staatlich anerkannten Studentenschaften mit der Klärung der Mitgliedschaftsfrage den Studenten zur Wahl. Bis zum 15. Dezember 1927 sollte an allen preußischen Hochschulen eine Abstimmung darüber stattfinden. Wo sich weniger als fünfzig Prozent daran beteiligten, galt das als Ablehnung. In Preußen, das damals von Aachen bis Breslau, von Trier bis Königsberg reichte, stimmte nur die Hochschule im westpreußischen Braunsberg der Vorlage zu. Vielerorts hatten die Korporationen für eine Wahlenthaltung agitiert. Sicherlich nicht von der Hand zu weisen ist, daß bei manchen die Sorge um die Zukunft der studentischen Selbstverwaltung das Nein veranlaßt hatte. Auch ist nicht zu übersehen, daß der hochangesehene, parteilose Kultusminister Becker in dieser Angelegenheit zwar sachlich klar, aber taktisch eher unglücklich agierte. Dennoch war die Verweigerung einer unbedingten Zugehörigkeit der deutschen Juden zur deutschen Studentenschaft überall, wo diese organisiert auftrat, ein deprimierendes Signal für die demokratische Republik.

Die deutschen Studenten akzeptierten es, daß die Juden ausgegrenzt wurden. Nicht alle haben dem zugestimmt. Viele haben aus dem einen oder anderen Grund überhaupt nicht mit abgestimmt. Wenige nur von dieser Generation werden sich überhaupt um diese Frage gekümmert haben. Es ist die Ungerechtigkeit, die in der Zuordnung von Personen zu einer Generation liegt, daß die gesamte Generation – und eben nicht zufällig – durch einen Vorgang wie diesen charakterisiert ist. Die Freiwilligkeit bei der Teilnahme an den Bücherverbrennungen 1933 mag mehr parteipolitisch als antisemitisch motiviert gewesen sein. Und als 1938 in der Reichspogromnacht die Synagogen brannten, waren kaum die Jungakademiker von 1927, wohl auch nicht ihre Nachfolger an den Universitäten des Reichs unter den Haupttätern. Aber daß dies alles möglich war in dem Land, in dem Heisenberg und Furtwängler, Friedrich Meinecke und Richard Strauss, Karl Reinhardt und Gerhart Hauptmann wirkten, daß es möglich war, ohne daß sich dagegen gesellschaftlicher Widerstand rührte – das war bei dem Streit um die staatliche Anerkennung der Studentenschaften an den preußischen Hochschulen 1927, lange, bevor man anfing, Hitler ernst zu nehmen, erkennbar geworden. Es brauchte in Deutschland in den dreißiger Jahren nicht viel Diktatur, um diese antisemitische Politik weitgehend ungestört treiben zu können.

Es waren aber auch diese Studenten des Jahres 1927, die zweiundzwanzig Jahre später darangingen, die Arbeit in der neu gegründeten Bundesrepublik zu tun. Sie gaben selten den Ton an. Aber sie waren die Lehrer und Staatsanwälte, die Ingenieure und Ärzte, die Betriebsleiter und Kaufleute, die schwer arbeiteten und nun zusätzlich zu den Früchten ihrer Arbeit in dem Staat Adenauers auch die Prämien für den Erfolg des neuen politischen Kurses einsteckten. So konnte man zum Demokraten werden. Der Zynismus Adenauers, der auch in seinem engsten Wirkungsbereich die Effizienz solcher Leute nicht verschmähte, erhielt ständig neue Nahrung. Seine Sorgen um Deutschland, die er immer wieder artikulierte, waren mehr als verständlich, wenn man auf die Generationenzugehörigkeit des Personals schaute, das ihm, der steinalten Großvaterfigur, nachfolgen wollte. Das war die Generation der Väter.

Über einen seiner umstrittenen Minister aus dieser Generation hat Adenauer einmal gesagt: Er war noch einer von den Anständigeren – aber er war nicht anständig. Das mag für viele dieser Generation gegolten haben. In den Familien der fünfziger Jahre war das Thema tabuisiert.

Für die großen Brüder gibt es das alle betreffende Ereignis, das sie zu einer Generation verbindet: das Erleben des Zweiten Weltkriegs als Kinder oder Jugendliche und – vielleicht noch wichtiger – die Erfahrungen am Ende des Krieges und in der unmittelbaren Nachkriegszeit. Was da prägend wurde und wie es prägend wurde, dafür gibt es zwei eindrucksvolle Beispiele.

Bundeskanzler Helmut Kohl besuchte 1985 den Schriftsteller Ernst Jünger aus Anlaß seines 90. Geburtstages. In kleinem Kreis erzählte er dem Offizier des Ersten und des Zweiten Weltkriegs, wie Anfang des Krieges er und sein – später als Soldat gefallener – Bruder eines Abends auf dem Flur der elterlichen Wohnung hockten und ein Gespräch belauschten, das hinter geschlossener Tür geführt wurde. Im Wohnzimmer unterhielt sich der Vater mit einem Besucher, der auf Heimaturlaub war und aus dem besetzten Polen berichtete. Die Jungen hörten jedes Wort. »Wehe uns«, sagte der Freund des Vaters, »wenn wir dafür einmal büßen müssen.« Kohl, der 1930 geboren wurde, erwähnte bei dieser Gelegenheit nicht, daß sein Vater im Ersten Weltkrieg wegen Tapferkeit vor dem Feind zum Offizier befördert worden war.

Der Schriftsteller Martin Walser hat mit seinem Roman *Der springende Brunnen* eine fiktional verschlüsselte Beschreibung seiner Kindheit vorgelegt. Gegen Ende des Buches, der Krieg und die Naziherrschaft sind vorbei, trifft Johann, in dem sich Walser selbst nachzeichnet, auf den gleichaltrigen Freund Wolfgang und dessen Mutter, Frau Landsmann. Beide hatten zuvor als rassisch Verfolgte das Schlimmste zu befürchten gehabt, waren aber davongekommen. Walser schreibt von der »Angst, in der Wolfgangs Mutter gelebt hatte, weil der Lehrer sie hatte abholen lassen wollen. Johann wehrte sich gegen die

Angst, in der Frau Landsmann gelebt hatte. Wolfgang hatte ihm leid getan, als Edi Fürst ihm das Fahrrad den Rain hinuntergeworfen hatte. Er hatte Wolfgang dann vergessen und vergessen, daß er ihn vergessen gehabt hatte.«

Zweierlei ist an dieser Passage bemerkenswert. Erstens: Der Autor gibt in seinem Jahrzehnte später erscheinenden Roman dem drangsalierten Kind einen der Vornamen des größten deutschen Dichters – Wolfgang. Und: Die Mutter, die vom Vernichtungslager bedroht war, trägt den Namen Landsmann, ein altes deutsches Wort zur Bezeichnung der Zugehörigkeit zu einer gemeinsamen Heimat; die Verbände der Vertriebenen aus dem Osten nannten sich Landsmannschaften. Mit dieser Namensgebung weist Walser auf den Umstand hin, daß in Deutschland durch die Judenverfolgung Menschen aus der Schicksalsgemeinschaft der Heimat und der Nation ausgestoßen wurden, auf deren Zusammenhalt die Deutschen seit den Tagen ihrer Klassik und Romantik so gesteigerten Wert gelegt hatten.

Die Szene der Wiederbegegnung mit den ehedem an Leib und Leben Gefährdeten geht aber noch weiter. Johann, schreibt Walser, »hatte gespürt, daß Wolfgang, was er ihm erzählt hatte, erzählt hatte, weil Johann das wissen müsse. Vielleicht meinte Wolfgang, daß Johann ein Vorwurf zu machen sei, weil er all das nicht gewußt, nicht gemerkt habe. Johann wehrte sich gegen diesen vermuteten Vorwurf.« Grund seiner Abwehr: »Niemand sollte ihm eine Empfindung abverlangen, die er nicht selbst hatte. Er wollte leben, nicht Angst haben. Frau Landsmann würde ihn mit ihrer Angst anstecken, das spürte er. Er mußte wegdenken von ihr und ihrer Angst.«

Hier wird eine kindliche Reaktion auf das Ungeheuerliche des ungeheuerlichsten Verbrechens des nationalsozialistischen Deutschland dargestellt. Das Kind spürt die Gefahr, deren Dimension ihm unbegreiflich ist, aus der Angst des anderen. Es wehrt sich gegen diese Angst, weil es hofft, so der Drohung der Gefahr, die nicht ihm gilt, zu entkommen. Aber die Zeit dieser Bedrohung ist nun vorbei. Jetzt registriert das Kind die Erwartung, es solle das Schreckliche nachholend mitleidig begreifen. Aber das Kind fühlt jetzt vor allem das Ende jeder Bedrohung, auch jener, die ihm im Krieg galt, und lebt im Gefühl der vorsichtigen Erleichterung. Da will es sich nicht herausreißen lassen.

Auch Johann – der erste Vorname Goethes – hat Jahre des Zwangs, vielleicht der Verstellung hinter sich. Gewiß aber waren es Jahre, in denen sein Selbstbild nicht durch Schuld geprägt wurde, die er auf sich geladen hätte. Bedeutete das Ende des Krieges und der Diktatur die Chance, abzuschütteln, was vorher belastend gewesen war, dann paßte zu dieser willkommenen Chance schlecht die Notwendigkeit, sich gegenüber den Opfern des Regimes um die richtige Haltung zu bemühen. Genau das thematisiert hier auch Walser. Man wußte – zumal als Heranwachsender – nicht, wie ihnen im Alltäglichen begegnen. Man ahnte, welches Mitgefühl man ihnen schuldete. Aber man empfand es nicht, sei es wegen der nachwirkenden Verhärtung in der Nazizeit, sei es aus eigener Not, sei es aus Scham. Johann will nicht mehr ausdrücken, als er empfindet. Martin Walser zeigt uns Johann als einen Jungen, der zu nichts gezwungen sein will.

Beides, das Gehörte und das Gelebte, prägte die Generation der großen Brüder, die ihr Studium Ende der vierziger Jahre begannen und Ende der fünfziger Jahre abgeschlossen hatten. Sie erlebten Befreiung und Schock zugleich. Der Überlebenswille drängte sie zu den Chancen, die in der Befreiung lagen. Aber das Erfahrene ließ sie oft – nicht immer – bei moralischen Relativierungen verharren. Wachsam registrierten sie alles. Sie wollten zu nichts gezwungen sein.

Bei dieser Prägung durch den Schock – der Krieg ist verloren – und durch die Befreiung – Fortfallen manchen Zwangs – müssen Einflüsse berücksichtigt werden, die viele je nach Jahrgang in früheren Jahren zu verarbeiten hatten, aber, schon aus Altersgründen, nicht kritisch verarbeiten konnten. Die jüdischen Klassenkameraden verschwanden aus den Schulen. Als die Synagogen brannten, sahen die Erwachsenen nur zu. Diejenigen, die in Schule und Familie die Begriffe von Recht und Ordnung zu vermitteln hatten, versagten, konnten aber von den Schülern, den Sechs- bis Zehnjährigen kaum als Versager auf Distanz zu sich selbst gebracht werden. Auch dies traf nicht für alle Schulen und bei weitem nicht für alle Familien zu. Aber es traf so oft zu, daß es für die Generation, die unter solchen Bedingungen aufwuchs, bedeutsam war.

Der Schock, der diese Generation 1945 traf, kam nicht nur von dem verlorenen Krieg, sondern auch aus der jähen Einsicht in das Versagen von Institutionen, deren sorgende und führende Kompetenz bis dahin außer Zweifel gestanden hatte. Und die auch aus der erinnerten Gefühlswelt nicht verschwanden. In seinem Buch *Mißachtung und Tabu* erinnert sich Klaus Briegleb, wie er im

Januar 1939 als Sechsjähriger im Kreis seiner Familie die Hitler-Rede über »die Vernichtung der jüdischen Rasse in Europa« hörte: »Ich habe als Kind den Rausch, den diese Worte im Familienkreis erzeugt haben, an der Seite meiner Mutter, eingehüllt in eine kuschelige Decke, wie es zur Stunde der Führerreden üblich war, mitgefühlt.«

Aber nur die wenigsten der desavouierten Institutionen waren zu ersetzen. Die Familienmitglieder wurden durch die Befreiung nicht andere, günstigstenfalls waren sie durch die Niederlage eines Besseren belehrt. Allzuoft reagierten sie mit purem Opportunismus auf die neue Situation. Vielfach blieb ihnen gar nichts anderes übrig. In den Schulen mußte man mit denselben Lehrern zurechtkommen, die schon immer an der Schule gewesen waren. Allenfalls hörte man jetzt mehr von denen, die früher durch Zurückhaltung aufgefallen waren. Und jene, die Hitlers Narren gewesen waren, traten zunächst bescheiden auf. Da gab es von Schule zu Schule erhebliche Unterschiede. Und in katholischen Regionen war manches anders als in protestantischen.

An den Universitäten hatten es die Studenten der Große-Brüder-Generation mit Professoren zu tun, die, wenn nicht im Dritten Reich auf die Lehrstühle gelangt – oft auf die Lehrstühle, deren Inhaber als Juden aus dem Amt entfernt worden waren –, so doch mehr oder weniger anpassungsgeschickt durch die zwölf Jahre gekommen waren. Emigranten wurden lediglich in Ausnahmefällen zurückgeholt. Frei gewordene Stellen wurden bevorzugt an die Hochschullehrer gegeben, die von den Universitäten in den verlorenen Ostgebieten in den Westen gekommen waren. Es hatte an den Universitäten der westlichen Bundesländer zwar Gremien zur »Selbstsäuberung« der Fakultäten gegeben, aber das Ergebnis nach Jahren der Verhandlungen war eher dürftig.

Für die 68er Generation bedeutete das: Die meisten der jüngeren Professoren und Assistenten, mit denen sie es in den sechziger Jahren im Studium zu tun hatten, waren zuvor viele Jahre lang enge Mitarbeiter von Gelehrten gewesen, die, was ihr Wirken in den Jahren der Diktatur anging, einiges zu verschweigen hatten und die auch nicht sofort von dem abrückten, was sie früher gelehrt hatten. Diese Zusammenarbeit hatte nicht zur Folge, daß die Jüngeren etwa darauf verzichtet hätten, neue Wege zu gehen. Auch hatten etliche der neuen Koryphäen verschlungene Pfade zum eigenen Lehrstuhl gewählt und so eindeutige Zuordnungsmöglichkeiten vermieden. Es gab somit aus der Generation der großen Brüder nicht wenige Professoren, die mit herausragenden Büchern für das Studium in den sechziger Jahren Glanzlichter gesetzt hatten. Dazu gehören sicherlich Dahrendorfs *Gesellschaft und Demokratie in Deutschland*, Habermas' *Strukturwandel der Öffentlichkeit*, Eberhard Lämmerts *Bauformen des Erzählens*. Diese Bücher zählten gelegentlich über die einschlägigen Fächer hinaus zu den Standardwerken schon in der Zeit der Studentenbewegung. Aber geschrieben haben sie die aufmerksamen großen Brüder der Studenten.

Wenn Erwin K. Scheuch darauf hinweist, daß die Hauptlinien des Konflikts zwischen diesen beiden Generationen verliefen, dann ging es dabei nicht um die Inhalte von Forschung und Lehre. Es ging um die Haltung zur Institution Universität. Die Generation der großen

Brüder hatte sie akzeptiert, wie sie war, um in ihr Karriere zu machen. Die 68er Generation wollte sie verändern, weil sie ihr, wie sie war, nicht mehr akzeptabel erschien. Der Gegensatz hätte kein tiefgehender sein müssen. Er wurde es durch den Unterschied der Lebenssituationen beider Generationen.

Die Generation der großen Brüder hatte das Kriegsende zumeist als Schüler erlebt. Die Universitäten, die sie einige Jahre später vorfanden, waren schwer beschädigte Einrichtungen in Städten, in denen die Menschen um ihr Überleben kämpften. Diesem Kampf mußten sich die Studenten anschließen. Zugleich hatten sie zu studieren. Jede Verbesserung ihrer Lage war nur über Erfolge im Studium möglich. Von einem Verzicht auf ein Weiterkommen in geregelten Bahnen war nichts zu erhoffen.

Aber es ging für sie noch um mehr. Die meisten Professoren mochten in ihren Veröffentlichungslisten Titel haben, die sie nicht mehr vorzeigen durften, und in ihren bekannten Werken Wendungen, auf die sie nicht stolz sein konnten – indes, die meisten waren eben auch Gelehrte von hohem Rang, über die Grenzen des Landes hinaus respektiert und in der Lage, Kontakte zu ausländischen Universitäten herzustellen. Der deutschen Universität war es auch nach 1945 noch möglich, ihren besten Absolventen internationalen Respekt zu verschaffen. Was aber für die besten Studenten damals noch wichtiger gewesen sein mochte: Die Universität verschaffte ihnen Zugang zu internationaler wissenschaftlicher Literatur, zu Fachzeitschriften, die anders für junge Menschen damals nicht zu erreichen waren. Es gab für sie viele Gründe, sich auf die Universität einzulassen, wie sie war. Moralische Fragen drängten sich nicht in den Vordergrund. Alle, die sich abgemagert und in schlechter Kleidung in den behelfsmäßig hergerichteten Gebäuden begegneten, fühlten sich in der einen oder anderen Hinsicht als Opfer der Katastrophe, deren schlimmsten Teil man überlebt hatte.

Die Universität ist im Mittelalter entstanden – und vom Mittelalter her hat sich in ihr ein Organisationsprinzip erhalten, das dem Zunftwesen des Handwerks entlehnt ist. Der Lehrstuhlinhaber oder Ordinarius ist der Meister. Bei ihm dienen Assistenten, den Gesellen vergleichbar, wie sie Gottfried Keller in seiner Novelle *Die drei gerechten Kammacher* beschreibt; sie haben das Ziel, selbst Meister bzw. Professor und Ordinarius zu werden. Darüber entscheidet nicht allein ihre wissenschaftliche Leistung, sondern auch die Zunft bzw. die Fakultät oder der Fachbereich. Da steht nicht nur das Wissenschaftliche auf dem Prüfstand, sondern auch die persönliche Eignung, denn an der Universität ist die Einheit von Forschung und Lehre das Ideal.

Die deutsche Universität hatte, zumal nach den Humboldtschen Reformen, die freilich die Stellung des Ordinarius eher stärkten, wenig Grund, an der Vortrefflichkeit ihrer Einrichtungen zu zweifeln. Auch daran mochte sie nicht rühren, daß die jahrelange, fast ausschließlich durch gegenseitiges Vertrauen geregelte Zusammenarbeit von Ordinarien und Assistenten ein Loyalitätsverhältnis schuf, das oft weit über Fachliches und Dienstliches hinausging. Leistungsbedacht hatte die Universität selbst für Sicherungssysteme gesorgt. So war es lange Zeit üblich, daß der junge Gelehrte seine Habilitation (das Meisterstück) nicht bei demselben Professor anging, unter dessen Obhut er seine Doktorarbeit verfertigt hatte (das Gesellenstück), und daß der Habilitierte nicht sofort an der Universität auf einen Lehrstuhl berufen wurde, an der er die Lehrbefähigung erlangt hatte. Hausberufungen waren verpönt. Damit sollten Seilschaften verhindert werden. Bis zu einem gewissen Grade gelang das, aber die Lehrer-Schüler-Verhältnisse – auch eine Sache der Generationen – schufen immer wieder zuverlässige Bindungen zwischen etlichen Hochschulen. Für das Fortkommen eines angehenden Hochschullehrers war es wichtig, die auf Loyalität gegründeten Beziehungen zu seinem Gönner nicht zu trüben. Die jungen Professoren der Große-Brüder-Generation hatten bei aller Wachsamkeit im Politischen dieses Prinzip der Institution, der sie soviel verdankten, fraglos verinnerlicht.

Die 68er Generation als Studentenbewegung stellte die Ordinarienuniversität in Frage. Das Wort wurde in den Reden zahlreicher Studenten zum Schimpfwort. Und die Generation der großen Brüder, die in so vielen politischen, moralischen Fragen und in solchen der wissenschaftlichen Orientierung mit den Jüngeren, die in ihren Vorlesungen und Seminaren hockten, eines Sinnes war, konnte und wollte an dem Punkt (und an einigen anderen) nicht mit ihnen zusammengehen. Die großen Brüder waren in eine schwierige Lage geraten. Sie traten für einen entschiedenen Bruch mit verhängnisvollen deutschen Traditionen ein – also auch für eine rücksichtslose Aufklärung der Verstrickung der Eliten in die Verbrechen des Dritten Reichs. 1963 begann der Auschwitz-Prozeß in Frankfurt am Main, aber da waren keine Angehörigen der Eliten angeklagt, sondern Menschenschinder am unteren Ende der Befehlskette. Angehörige der Elite jedoch saßen noch auf etlichen Lehrstühlen, und ihre Schüler, die darangingen, ihr Fach zu reformieren, wollten ihre loyalen Kollegen sein. So wurde es ein schier endlos langer Prozeß – manch einer der längst selbst prominent gewordenen Schüler ließ sich erst nach der eigenen Emeritierung mit der Nazivergangenheit seines berühmten Lehrers konfrontieren. Auch mußte sich ein prominenter Physiker noch im Jahr 2002 von der *tageszeitung* vorwurfsvolle Fragen gefallen lassen, weshalb er in den fünfziger Jahren bei Heisenberg promoviert habe.

Nun verstand sich die politisierte 68er Generation aber nicht nur als inneruniversitäre Reformbewegung. Der Politologe Wilhelm Hennis hatte recht, als er in einem Aufsatz vom 30. Januar 1970 in der *Frankfurter Allgemeinen Zeitung* darauf hinwies, daß die studentische Seite in der Reformdiskussion seit 1962 immer mehr auseinandergefallen war: Der VDS, der Dachverband der deutschen Studentenschaft, sei »durch innere Streitigkeiten zerrissen«, seit 1965 sei der SDS »zum richtlinienbestimmenden Faktor der deutschen Studentenschaft geworden«. Aber die Entwicklung seit 1966, »immer mehr bestimmt durch den Einfluß einer irrational aktivistischen Gruppe um Rudi Dutschke, dem das Ziel nichts und die Bewegung alles ist«, habe dazu geführt, daß die Gesprächspartner von den Studenten nur noch »die in aller Munde befindlichen Heilslehren hören können (Präsidialverfassung, Auflösung der Fakultäten, Verbesserung der Hochschuldidaktik). Ziel und Weg der Bewegung fallen für sie zusammen im Begriff der Demokratisierung der Universität durch ›Drittelparität‹, die Besetzung aller akademischen Gremien zu je einem Drittel mit Dozenten, nicht habilitiertem wissenschaftlichen Mittelbau und Studenten.«

Das entscheidende Stichwort war »Demokratisierung«. Mit ihm war auf der Straße und in überfüllten Vollversammlungen viel, jedoch für sachliche Arbeit am Problem überfüllter Vorlesungen und Seminare wenig anzufangen. Als die Aktivisten der Bewegung registrierten, daß Universität und Kulturbürokratie ernsthaft darangingen, durch Reformen unhaltbar gewordene Zustände an der von zunehmend mehr Studenten überlaufenen Fächer zu beheben, wandten sie sich mit ihren Aktionen gegen die »technokratische Hochschulreform«. Längst war für die »Neue Linke« das hochschulpolitische Engagement zu einem Vehikel geworden, um eine Massenbasis für ihre allgemeinpolitischen Aktivitäten zu gewinnen und zu halten. Diese hatten allerdings unterdessen auch an den Hochschulen eine solche Radikalität in Zielen und Mitteln angenommen, daß die meisten auch der linken und linksliberalen jungen Professoren sich von ihnen abwandten. In eben der Phase der Auseinandersetzungen entfuhr dem Soziologen Jürgen Habermas das Wort vom »Linksfaschismus«, das er in späteren Jahren gern zurückgenommen hätte.

Die Abneigung der 68er Generation gegen die großen Brüder steigerte sich an zwei Momenten des Gegensatzes erheblich. Zum einen entwickelten die 68er eine moralische Position, von der aus sie die Kompromisse der Älteren mit allzu belasteten Figuren der Väter-Generation verurteilten. Zum anderen mußten sie fürchten, daß ihren lustvoll geplanten und durchgeführten Aktionen im Universitätsmilieu durch die nüchterne Reformarbeit der großen Brüder der Wind aus den Segeln genommen würde. Um diesen – wie sie meinten: revolutionären – Wind aber ging es ihnen vor allem.

Erwin K. Scheuch hatte seinem Buch den Titel *Die Wiedertäufer der Wohlstandsgesellschaft* gegeben. Darin eingeschlossen war sicherlich auch der Vorwurf, den er im Namen seiner Generationsgenossen im Autoren-Team formulierte, daß die jungen Autoren der »Neuen Linken« in Studienverhältnisse hineingewachsen waren, wie sie komfortabler keine andere Studentengeneration seit Menschengedenken vorgefunden hatte.

Drittes Kapitel

Anachronismus und frühes Glück

Die Protagonisten der Studentenbewegung entstammten den unterschiedlichsten gesellschaftlichen oder politischen Milieus, und sie gingen seit Anfang der siebziger Jahre sehr unterschiedliche Wege. Was sie zusammengebracht hatte, war das Lebensgefühl an der Universität gewesen. Besonders die Herausforderung durch krisenhafte Stimmungen in vielen Fakultäten infolge des Massenandrangs von Studierenden und ungeklärter Laufbahnbestimmungen für das zur Lehre benötigte Personal im akademischen Mittelbau (unterhalb der Habilitationsschwelle) sowie ein neues Interesse für das Verhalten der auf die Altersgrenze zugehenden Lehrstuhlinhaber im Dritten Reich führten politisch organisierte, aber auch völlig unbefangene Studenten zu gemeinsamen Unternehmungen zusammen. Das begann in Arbeitssitzungen mit vielen Arbeitspapieren und konnte in Institutsbesetzungen mit Cola-Flaschen und Schlafsäcken enden. Eine weitere Herausforderung, die produktiv genutzt wurde, bedeutete das weltweite Bekanntwerden von Theorieansätzen, von denen man an der Schule nichts gehört hatte und über die man von den älteren, aber für Prüfungen unumgehbaren Professoren auch nichts hören konnte: die schon im Jargon aufregende Frankfurter Schule, die Aktualisierung der Psychoanalyse, fast eine Wiederentdekkung Freuds, vor allem als Kulturkritiker, der Siegeszug der Soziologie, deren philosophische und gesellschaftskritische Potentiale zu ihrem Nutzwert als Herrschaftstechnologie in Konkurrenz traten.

Was die Studenten aller Couleur begeisterte, war die aufklärerische, die emanzipatorische, die befreiende Kraft, die sich bei kritischem Studium in fast allen Fächern, zumal denen der Geisteswissenschaften, freisetzen ließ. In den Semesterferien brachten diese Studenten neue Gedanken nach Hause, in die Provinzstädte, in die sie nach dem Studium würden zurückkehren müssen, um privat und beruflich in die Fußstapfen der Eltern zu treten. Es war nicht so, daß ihnen die Provinz etwas hätte geben können, das in die Diskussionen an der Universität einzubringen gewesen wäre. Der Austausch lief nicht konfliktfrei ab, aber er vollzog sich durchaus einseitig. Er begann, das akademische Milieu in den Provinzstädten – oder, wie man lieber sagte: auf dem flachen Land – nachhaltig zu verändern, zunächst das.

Diese Veränderung auf breiter Ebene war unter anderem auch deshalb möglich, weil Väter und Söhne sich in einem politischen Desinteresse einig waren, das sich freilich bei den Vätern mit ihrem Unwillen gegenüber politischem Fundamentalismus eher durch Schweigen kundtat, während es bei den Söhnen in einem zunehmenden Mißfallen an den etablierten Parteien, am »System«, wie es ohne Erinnerung an das Reden der Feinde der Demokratie am Ende der Weimarer Republik hieß, keck zutage trat. Die Politisierung, die nach dem Ende dieses Mißverständnisses die Gehirne und Gemüter erfaßte, wurde den meisten der Beteiligten erst zu einem Zeitpunkt bewußt, als die Veränderung der Diskussionsgrundlage zu Lasten konservativer Sicherheit in scheinbar bewährten Strukturen schon Wirklichkeit geworden war. Selten ist der Gedanke von Marx, das Sein bestimme das Bewußtsein, so verblüffend widerlegt worden wie zu dem Zeitpunkt, als viele Studenten gleich welcher Fachrichtung anfingen, Marx zu lesen.

Immerhin, ein oft gebrauchtes Schlagwort in den sechziger Jahren war das vom »falschen Bewußtsein«. Falsches Bewußtsein galt es zu erkennen und zu überwinden. Das war eine Forderung, über die geredet werden konnte. Aber ihr nachzukommen, war nicht so einfach. Vor allem erschien es nicht in jeder Hinsicht wünschenswert. Und darüber schwiegen sich nun bald die Söhne aus. Der Rückzug ins Private, der etwa zehn Jahre nach dem Ende der Studentenbewegung einsetzte, zeigte, daß die nun Avancierten der rebellierenden Generation sich ein pragmatisches Verhältnis zu dem hedonistischen Grundzug ihres Aufbegehrens durchaus bewahrt hatten. Was hatte das Bewußtsein der meisten von ihnen geprägt, ehe sie die oberen Klassen der Gymnasien und die Universität erreichten? Was war falsch daran gewesen?

Die Angehörigen der 68er Generation wuchsen als Kinder in einer Welt auf, die von Großvätern bestimmt war. Das hatte nicht nur damit zu tun, daß in vielen Familien die Väter gefallen oder noch nicht aus der Kriegsgefangenschaft heimgekehrt waren. Es hatte vor allem damit zu tun, daß es die Welt der Großeltern – freilich zunächst nur der jeweils angepaßten Großeltern – war, die vorzeigbar zu sein schien, über die geredet werden konnte. Gemütlich war die Zeit gewesen, als, wie es in einem Slogan hieß, der Großvater die Großmutter nahm. Von den zwölf Jahren, als der Vater die Mutter geheiratet hatte, als die ersten Kinder kamen, hörte man weniger. Über den Zweiten Weltkrieg wurde in der Sprache der Großväter gesprochen, als habe es sich dabei um eine Fortsetzung des Ersten Weltkriegs gehandelt – leider auch verloren, trotz großartiger Leistungen der Truppe. Der deutsche Soldat sei der beste Soldat der Welt, hieß es zuweilen, oder der deutsche Stahlhelm sei der beste im Krieg gewesen, oder mit der U-Boot-Waffe, rechtzeitig eingesetzt, hätten wir England in die Knie zwingen können. Von dem, was Helmut Kohl als Zehnjähriger seinen Vater mit dessen aus Polen gekommenem Freund hatte besprechen hören, war in der Sprache der Großväter nicht die Rede. Deutsche Soldaten erschienen den heranwachsenden Kindern als untadelige Helden – von denen so manche noch in russischer Kriegsgefangenschaft litten. Am Volkstrauertag wurde ohne Militär militärisches Pathos inszeniert. Es waren die Großväter, die mit ihren Enkeln da hingingen.

Die Zeiten waren zunächst jämmerlich. Was in den Städten nicht von Bomben zerstört war, war von Besatzungsoffizieren und bald ihren Familien besetzt. Die Wohnungsverhältnisse waren eng, man mußte zusammenrücken. Wo das nicht zu endlosen Spannungen in der Familie führte, war es die Situation, die kleine Kinder lieben. Sie haben ja gern alle um sich herum, möglichst nah.

Die Einkommen waren gering, entsprechend viel mußte in Hausarbeit geleistet werden, von der Essensbereitung bis zur Kleidung. Man arbeitete an seinem Arbeitsplatz und zu Hause. Die Frauen kehrten, wenn sie konnten oder weil sie mußten, zurück an den heimischen Herd. All das empfanden die Kinder, die selten als Einzelkinder aufwuchsen, als erfreulich. Zwar war das keine Rückkehr zur heilen Familie, wie sie in den Lesebüchern der Zeit vorgestellt wurde, aber das merkten noch nicht alle Kinder. Zudem schien es, als gebe es eine gesellschaftliche Verabredung, das Bild zu bewahren, daß nun alles gut und schön sei. Mit fleißiger Arbeit werde auch die Not bald überwunden sein. Der erste Kühlschrank – »Vor 5 Tagen war er gekommen, und immer noch der allgemeine Liebling«, beschrieb das Arno Schmidt im *Steinernen Herz, Historischer Roman aus dem Jahre 1954* –, die erste Waschmaschine, das erste Auto gab der Familie Anlaß zu Freudenfesten. Im Leben des Kindes waren das: die erste Apfelsine für das Kind allein, der erste Fußball, das erste Fahrrad. Rundfunk- und Fernsehserien kultivierten dieses Familienbild mit leicht ironischem Humor (*Die Familie Schölermann*, *Die Firma Hesselbach*) – Wolfgang Staudtes Film *Rosen für den Staatsanwalt* dokumentierte das Übliche mit beißender Ironie.

Eine Verabredung gab es nicht, wohl aber eine machtvolle Parallelaktion. Die Kirchen schickten sich an – mit mehr oder weniger Legitimitätsbewußtsein –, die Bevölkerung zu einer geläuterten Lebensführung in ihrem Sinne anzuhalten. Und sie hatten die Macht, das zu tun. Die Väter, auch die Großväter, brauchten Autoritäten, die ihnen bescheinigten, daß sie in den Jahren der Diktatur keine üblen Dinge angestellt hatten. Die Geistlichen in den Gemeinden waren die erste Adresse, um die erwünschten oder benötigten Entlastungspapiere auszustellen, den »Persilschein«, wie das *libellum pacis* aus der Zeit der ersten Christenverfolgungen jetzt hieß.

Aber die Kirchen wollten dafür Einfluß auf die Erziehung der Kinder, sie bestanden auf der Konfessionsschule, sie erwarteten die Rückkehr der Eltern mindestens ins kirchliche Gemeindeleben. Aus dem hatten sich viele im Dritten Reich verabschiedet – die Großeltern seltener. Die Kinder mußten wieder in die Messe, in den Gottesdienst geschickt werden. Und die Eltern taten gut daran, mitzugehen, jeden Sonntag, jeden Feiertag. Die Kinder wollten und sollten nicht merken, daß viele das nur unwillig und gezwungenermaßen taten. Sie merkten es erst, als die Eltern Ende der fünfziger Jahre damit aufhörten. Aber da waren sie schon durch das Vertrautsein mit den kirchlichen Ritualen und der Jahreseinteilung durch das Kirchenjahr geprägt. Sie waren auch – bei aller Kritik, zu der sie später kamen – von der grundsätzlich heilsamen Rolle der Kirchen überzeugt. Das wichtigste aber, was ihnen vermittelt worden war, war ein tiefer Respekt vor moralischen Erwägungen. An ihnen teilzuhaben, war ihnen gleichsam mit dem Weihwasser der frühen Jahre zur Verpflichtung gemacht worden – wie zynisch manche von ihnen auch später damit umgehen sollten. Im 20. Jahrhundert ist wohl keine Generation in ihrer Kindheit so stark unter dem Einfluß der Kirchen aufgewachsen wie die 68er Generation. Nicht sehr viele der ihren sind später aus der Kirche ausgetreten.

Was die Kinder in den ersten Schuljahren und in den

Jugendgruppen erwartete, war von anderem Zuschnitt. Hier war unverändert jene Härte maßgeblich, die zuvor schon als Ideal der Erziehung gegolten hatte. Was entfiel, war das ideologisch zubereitete Brimborium im Dekor. Die Lehrer, nicht nur die alten, die seit zehn und mehr Jahren an der Schule waren, gingen mit den ihnen anvertrauten Kindern um, wie sie es immer getan hatten. Prügeln gehörte dazu, aber wie oft und heftig einer prügelte, lag in der Person des Lehrers begründet, nicht in den Grundsätzen der Schule. Selten beklagten sich Eltern über die Schläge, die ihre Kinder aus welchen Gründen auch immer im Unterricht bezogen. Daheim wurde schließlich auch geprügelt.

Die Jungengruppen – ob christliche Pfadfinder oder weltanschaulich neutrale Verbände oder Sportvereine – setzten fort, was zuletzt die Hitler-Jugend erfolgreich veranstaltet hatte: Weckung von Selbstbewußtsein durch die Härte der Beanspruchung, der einer genügt hatte. Aber jetzt hieß es nicht mehr Dienst, und jetzt war auch der ganze Schnickschnack mit den pseudomilitärischen Befehlsrängen entfallen. Waghalsige Geländespiele, kalkulierte Mutproben, Stärkung der körperlichen Belastbarkeit im Gemeinschaftserlebnis mit Gleichaltrigen – das war es, was die Zehn-, Zwölfjährigen begeisterte. Es war bisweilen nicht ungefährlich. Vieles von dem, was auf den Wochenendlagern und Fahrten gespielt wurde, war schon zwanzig Jahre später undenkbar. Niemand hätte die juristische Verantwortung übernehmen wollen. Daran dachte man in den späten vierziger und frühen fünfziger Jahren nicht. Die Eltern hatten gegen Abhärtungsübungen nichts einzuwenden. Aus dem Liedgut von ehedem wurde das weitergesungen, was schon die Bündische Jugend gesungen hatte: »Jenseits des Tales standen ihre Zelte ...« Wenn die polemische Kennzeichnung der fünfziger Jahre in der Bundesrepublik Deutschland als einer Nachgeschichte des Dritten Reiches irgendwo anschaulich zu machen ist, dann bei den körperlichen und charakterlichen Anforderungen an die Jungen in diesem frühen Alter. Freilich auch bei der Unterforderung der Jugendlichen, was Zivilcourage in der Gruppe anbetraf.

Aus dem geistigen Milieu solcher Erziehungseinflüsse mag auch der ungeheure Hang zum Konformismus herrühren, der den meisten Angehörigen der 68er Generation eigentümlich ist. Ob in Seminarsitzungen oder auf studentischen Vollversammlungen, im Gespräch über Bücher oder über politische Entscheidungen, oft wurde ein Klima des Einverständnisses geschaffen, daß es dem einzelnen schwermachte, der für die jeweilige Gruppe sakrosankten Ansicht laut zu widersprechen. Für Akte des Psychoterrors gegen diesen oder jenen Hochschullehrer, für Aktionen mit spielerischer Gewalt innerhalb oder außerhalb der Universität wurde das Scheinrisiko bedrohlich wirkender Zusammenrottung ebenso reizvoll wie das vermeintlich hehre Ziel der Bewegung. Gerade das war aber oft weniger durch Gegnerschaft oder gar Haß auf den Angegriffenen bestimmt als durch eine fast kindliche Freude an der Regelverletzung, die man als Gruppe beging. Wie es Enkel fühlen, wenn sie bei ihren Großeltern über die Stränge schlagen: ernste, folgenschwere Sanktionen wird es nicht geben.

Mit einem Wort: Die 68er Generation war in einem gigantischen Anachronismus aufgewachsen. Dessen einzelne Elemente hatten neben anderen Facetten des öffentlichen Lebens zu dem – falschen – Urteil geführt, das erste Jahrzehnt der Bundesrepublik sei eine Zeit der Restauration gewesen. Das ist unrichtig, weil in weitaus wichtigeren Fragen der deutschen Politik und in der Gestaltung des gesellschaftlichen Lebens absichtsvoll ein Umdenken eingeleitet wurde, das Deutschland im Westen fast revolutionär veränderte. Vierzig Jahre später, bei der Wiedervereinigung, sollte das bis in unscheinbare Details hinein spürbar werden.

Der Anachronismus, in dem die 68er als Kinder aufwuchsen, ohne ihn zunächst durchschauen zu können, zeigte sich in einem Familienbild mit sittlichen Idealen, über die viele Eltern zuvor in den frivolen UFA-Filmen der Nazizeit schon gelacht hatten. Er zeigte sich in der Pseudoidylle der Jugendgruppen, die so taten, als ließe sich einfach fortsetzen, was einst mit dem Wandervogel begonnen hatte und in der Hitler-Jugend nur mißbraucht worden sei. Er zeigte sich in der intensiven religiösen Erziehung und bei religiös motivierten Gewohnheiten in einer Welt, die längst vorher und nachher ganz anderen Vorstellungen gehorchte.

Zugleich bewegten sich die 68er beim Übergang von der Kindheit in das Alter der Heranwachsenden in einer alten und neuen Welt von Idolen. Die Begeisterung für Sport gehört zu diesem Lebensalter. Den ersten Ausbruch einer durch eine sportliche Leistung veranlaßten Massenbegeisterung provozierte der Gewinn der Fußballweltmeisterschaft durch eine deutsche Mannschaft 1954. Noch heute sind viele 68er in der Lage, die Namen der elf Spieler und des Trainers zu nennen, die daran beteiligt waren. Gelegentlich wird der Beginn eines bundesrepublikanischen Selbstbewußtseins mit diesem Ereignis verknüpft. Ganz gewiß gehört es zu den Faktoren, die dazu führten, daß die damals sechs Jahre alte Bundesrepublik von den auf ihrem Territorium lebenden Menschen in einer Weise als ihr Staat akzeptiert wurde, wie es die Weimarer Republik, der die große Mehrheit der 1954 in Deutschland lebenden Menschen noch angehört hatten, nie erfahren durfte.

Erfolgreiche Sportler der fünfziger Jahre, Rennfahrer, Springreiter, Leichtathleten, Boxer – es ließen sich Namen aus etlichen Sportarten nennen –, sind vielen mehr als sonst üblich bis ins hohe Alter in Erinnerung geblieben. Nicht wenige von ihnen – Fritz Walter, Fritz Tiedemann, Herbert Schade – verkörperten mit ihrem bescheidenen, zivilen Auftreten auch einen anderen Stil als ihre Vorgänger in den dreißiger Jahren. Dieser Stilwandel, an den man sich auch dann noch erinnerte, als die Bundesrepublik die Mentalität der Deutschen schon gründlich verändert hatte, wurde vielleicht zuerst – arglos und angenehm – an den Sportlern empfunden, die zwar noch Helden genannt wurden, aber nicht mehr so aussahen. Die sympathische Wahrnehmung eilte der Entwicklung einer neuen sprachlichen Sensibilität voraus. Zwar hatte der Altphilologe Karl Reinhardt seinen Vortrag über die »Krise des Helden« schon 1953 in Darmstadt gehalten, aber das Taschenbuch mit seinen Aufsätzen, für das derselbe Titel genommen wurde, erschien erst 1962.

Die 68er als kindliche Kinogänger, die zunächst mit gläubigen Augen auf die Leinwand blickten, erlebten in den fünfziger Jahren einen Kampf der Kulturen: Sissi gegen John Wayne – was schon besagt: eine zusammengelogene Kunstfigur gegen die Zurschaustellung echter, unverhüllter Gewaltbereitschaft. Gleichwohl überwältigten die Inszenierungen viele Zuschauer: in den Sissi-Filmen die Bilder alter vaterländischer Pracht. Kirche als Macht, Staat als farbenfrohe Welt der Großväter, Einheit von Natur und Menschenherzen. In den anderen Filmen schlugen diese Herzen höher, wenn zum Ende von John Fords *Stagecoach* der von blutrünstigen Indianern bedrängten Postkutsche die US-Kavallerie zu Hilfe kam, in breiter Front über die breite Fläche galoppierend unter Hornsignalen, mit gezogenen Säbeln und wehenden Fahnen. Solche Bilder muß man kennen, wenn man wissen will, woraus der Gemütshaushalt der 68er zusammengerührt ist – einschließlich des unpathetischen Witzelns, mit dem dieser Streifen endet. Anachronistisch waren auch diese Filme. In den Jahren der Studentenbewegung gab es fast in jeder deutschen Universitätsstadt ein Kino, in dem man jeden Tag Western sehen konnte. Daniel Cohn-Bendit trug sich mit dem Projekt, einen »linken Western« zu drehen. In Mode kamen die Italo-Western, mit ihnen war ein Anschluß möglich an die mexikanische Revolution. Im Juni 1966 beschloß in Bayern am Kochelsee eine kleine Gruppe von Frauen und Männern – darunter Rudi Dutschke und Dieter Kunzelmann –, ein Projekt zum gemeinsamen Wohnen (Wohnkollektiv) in Angriff zu nehmen; sie nannten sich »Viva Maria Gruppe« nach einem Film mit Brigitte Bardot und Jeanne Moreau, der in Mexiko während der Revolution von 1910 spielt.

Erlebnismäßig in die Nähe der ersten Kinobesuche

gehört ebenso der lustvolle Besitz der ersten Comicheftchen. Die gab es in unterschiedlichen Formaten, aber nur damals wohl in den handtellergroßen Querformaten für zwei Groschen. In den Elternhäusern derer, die später zur Universität gehen sollten, waren sie zumeist verboten. Aber der Umgang mit diesen Produkten, für die es in Deutschland keine Vorläufer gab, verrät früh den eigenen Weg einer neuen Generation, sich Wünsche zu erfüllen, Genüsse zu verschaffen, Basare mit eigenen Kostbarkeiten zu bilden. Comics der Art, wie sie die 68er lasen – und lesen! –, sind nicht wiedergekommen. Die Gattung hat sich weiterentwickelt. Was damals für Kinder produziert wurde, ist zum Teil zu Klassikern geworden, blieb aber als Typus singulär.

Die Faszination durch neue Unterhaltungsmusik gehört dem folgenden Lebensalter an. Allerdings war das Einüben in das Hören von AFN (American Forces Network) schon von den großen Brüdern besorgt worden. Vom Rock 'n' Roll bis zu den Beatles waren es nur wenige Jahre. Aber in diesen Jahren kamen die Jugendlichen der 68er Generation ihren Familien für lange Zeit oder auf Dauer abhanden, was nicht immer bedeuten mußte, daß man sich im Streit trennte.

Anachronistisch zuerst und zuletzt war der optische Eindruck, den die 68er in ihrer Kindheit von dem erhielten, was politische Führung war. Sie erfuhren davon, wenn überhaupt, nur dadurch, daß ihre Eltern davon sprachen, daß in den Wochenschauen – Nachrichtenfilme, die in den Kinos vor den Spielfilmen gezeigt wurden – darüber berichtet wurde, daß Illustrierte und Zeitungen Bilder von Politikern zeigten. Das waren dann Bilder von alten Menschen – älter als Väter und Mütter: Konrad Adenauer, Winston Churchill, Dwight D. Eisenhower. Die internationale Politik war voll von greisen Figuren, die man zur Kenntnis nahm, weil es zur Dramaturgie der Wochenschauberichte gehörte, durch baedeckerhafte Bebilderung der Nachrichten die Großstädte und Konferenzorte der Welt zu den Aufnahmen der Staatsmänner zu zeigen. Und bei den Bildern von Paris, London oder gar aus Amerika sahen auch schon die Kleinen hin. In der heimatlichen Umgebung war es nicht anders, das Personal der kommunalen Politik, Bürgermeister, Landräte, war überaltert. Die Väter schienen nichts zu sagen zu haben. Und sie gaben lange Zeit nicht einmal zu erkennen, daß sie das störte.

Daran änderte sich in den scheinbar endlos langen Jahren der Kindheit nichts. Man hat in jüngster Zeit oft über die bedenkliche Wirkung gesprochen, die Helmut Kohls überlange Kanzlerschaft auf die junge Generation in den achtziger und neunziger Jahren gehabt habe. Als Kohl Kanzler wurde, war er 52 Jahre alt. Als man ihn abwählte, hatte er die Siebzig noch nicht erreicht. Als Konrad Adenauer 1949 Kanzler wurde, stand er im 73. Lebensjahr. Als er 1963 unfreiwillig zurücktrat, war er 87. Die Jahre seiner Kanzlerschaft waren für die 68er die Jahre zwischen Einschulung und Studienbeginn gewesen.

Peter Handke, sicherlich nicht nur der erfolgreichste Schriftsteller, sondern in manchen Zügen auch ein typischer Kopf der 68er Generation, ein Bewunderer des amerikanischen Filmregisseurs John Ford, hatte, wie erwähnt, 1995 geschrieben: »Mit anderen Menschen um uns herum als am Anfang, ist am Ende einzig unser Glaube, daß alles gut wird, der alte.« Liest man diesen Satz als melancholisches Epigramm eines Fünfzigjährigen, könnte man darüber setzen, was in den Erinnerungen einer ganzen Generation aufgestöbert werden kann – in zwei Worten: Anachronismus und frühes Glück.

Viertes Kapitel

Als die US-Kavallerie ausblieb

Als am 1. Mai 1963 der *Spiegel* mit der Schlagzeile »Kanzlerwechsel« auf dem Titel meldete, daß in der CDU die Ablösung Adenauers durch Ludwig Erhard beschlossene Sache sei, wies die Bestsellerliste im selben Heft Rolf Hochhuths Schauspiel *Der Stellvertreter* als Spitzenreiter aus. Der greise Staatsmann verlor demnächst sein Amt, der verstorbene Papst Pius XII. war um sein vordem fast heiligmäßiges Ansehen gebracht. Mit beiden war die 68er Generation in den fünfziger Jahren herangewachsen. Von beiden hatte sie sich nun gelöst. In Rom führte der Nachfolger auf dem Stuhl Petris, Papst Johannes XXIII., die katholische Kirche ins Zweite Vatikanische Konzil und auf neue Wege. In Bonn führte Bundeskanzler Erhard die CDU in den langen Abschied von der Macht. Das eine wie das andere wurde von Beginn an als Aufbruch in eine neue Zeit verstanden.

Die Generation von 1968 erfuhr die Erschütterung bedeutsamer Institutionen der Nachkriegszeit in eigenen Desillusionierungen. Das ging nicht nur ihr so, aber bei vielen aus dieser Generation gab es beim Übergang vom Gestern zum Heute die größten Überraschungen zu erleben. Dabei dürfte der Verlust der Illusionen in den seltensten Fällen als krisenhaft empfunden worden sein. Das heißt nicht, daß er immer glücklich ablief. Aber für das private Leben hatte das allenfalls geringe Folgen.

Das erste weltpolitische Ereignis, das jeden erreichte, war die blutige Niederschlagung des Ungarn-Aufstands 1956. Noch gab es in den meisten Häusern nicht die Fernsehbilder aus dem zerschossenen Budapest, aber man drängte sich um die Rundfunkgeräte mit dem magischen grünen Auge und hörte die Berichte von dem grausamen Geschehen. Man hörte vor allem die verzweifelten Appelle ungarischer Politiker, die über ihre Rundfunksender den freien Westen aufforderten, dem unterdrückten Land zu Hilfe zu eilen. Die Bilder vom Vorrücken der Panzer und von den kaum bewaffneten Menschen, die sich gegen die Besetzung der Stadt wehrten, kamen erst später, als ihre emotionale Aufnahme schon vorbereitet und auch die erste Lehre schon gewonnen war.

Keine US-Kavallerie kam über die Pußta herangeritten. Keinen Finger hatte der freie Westen gerührt, um den freiheitsliebenden Ungarn zu helfen. Was den Heranwachsenden zu lernen aufgegeben war, das war ein Exempel, wie die Nachkriegswelt funktionierte, wenigstens in Europa. Die Weltmächte ließen sich in ihren Machtbereichen in Ruhe. Der Korea-Krieg hatte die USA an den Rand eines Atomkriegs gebracht. Aber die Politiker hatten ein Militärisch-nicht-gewinnen-Können dem Einsatz der Bombe, den die Generale forderten, vorgezogen. Auch 1956 in Ungarn verhinderte die Angst vor einem Atomkrieg das Eingreifen des Nordatlantikpakts (Nato). Die Älteren fanden das vernünftig und fingen an zu begreifen, daß es von Vorteil sei, in einer Welt zu leben, in der, auch wenn Kriegsgefahr im Raum stand, nicht automatisch die Militärs das entscheidende Wort hatten. Die Jüngeren registrierten zunächst, daß es mit der Verpflichtung auf die Freiheit als dem obersten Ziel westlicher Politik wohl doch nicht so weit her sei. Oder, daß zynischerweise hier immer die eigene Freiheit gemeint sei, nicht die Freiheit derer, die sie sich erst noch erkämpfen mußten.

Die Fragen, die man sich zu stellen begann, wurden in den folgenden Jahren vielfach beantwortet – und jedesmal in einer Weise, die Ernüchterung, ja, Enttäuschung vorantrieb. Auf der einen Seite schien der Westen die Freiheit, die er zu Hause so überschwenglich feierte, gar nicht überall in der Welt zu wollen. Die Kolonialkriege, von denen man jetzt immer mehr erfuhr, waren so blutig, wie es der Ungarn-Aufstand gewesen war. Und sie zogen sich viel länger hin. Für die Begründung, die westliche Propaganda zur Verteidigung der Kriegsanstrengungen vortrug: es gelte, kommunistische Infiltration abzuwehren, gaben die Bilder, die von den Kriegsschauplätzen herüberkamen, nichts her. Vor allem aber: Auch wenn solche Äußerungen nicht falsch waren – und oft genug die USA sich diplomatisch gegen die Kolonialmächte stellten –, es wurde und blieb doch für sehr lange Zeit eine Erfahrung der 68er mit westlicher Doktrin, daß kein Schurke in Lateinamerika oder Südostasien so brutal bei der Unterdrückung seines Volkes zu Werke gehen konnte, daß er nicht US-amerikanische Unterstützung erhalten hätte, wenn er nur glaubhaft zu machen verstand, daß seine Gegner im eigenen Land Verbindungen zu Kommunisten hätten. Okay, so wurde die Haltung

Washingtons pointiert, er ist ein Bastard, aber er ist unser Bastard.

Entstand hier ein Widerwille gegen den Einsatz westlicher Macht im Kalten Krieg, der unterhalb der Schwelle, von der aus der Einsatz von Atomwaffen drohte, zu einem sehr häßlichen »heißen Krieg« in bettelarmen, aber rohstoffreichen Ländern werden konnte, so wartete das Jahr 1961 mit einer Lektion ganz anderer Art auf. Als die Kommunisten am 13. August in Ostberlin eine Mauer rund um die drei Westsektoren der Stadt zogen, um den Fluchtstrom gerade auch beruflich hoch qualifizierter Menschen aus der DDR in die reichere Bundesrepublik aufzuhalten, reagierten die für Westberlin verantwortlichen Siegermächte, inzwischen mit Bonn in der Nato verbündet, szenengerecht moderat. Blutvergießen sollte es nicht geben, auch wenn der Akt der kommunistischen Seite rechtswidrig war. Konrad Adenauer ließ sich Zeit damit, zum Besuch in die eingemauerte Stadt aufzubrechen. Auch er wollte nicht Emotionen anheizen. Das war in mancherlei Hinsicht sehr klug. Aber es entsprach nicht dem, wozu man die damals 13- bis 19jährigen der nachmaligen 68er Generation erzogen hatte.

Viele der Älteren erklärten daraufhin die Politik Adenauers, die Politik der Stärke, für gescheitert. Politik der Stärke wurde so verstanden, daß man jederzeit und überall kommunistischen Gewaltakten energisch entgegentrat. Das war in Berlin nicht geschehen. Politik der Stärke mochte es freilich auch sein, in gefährlicher Lage die Risiken zu prüfen, das Erreichbare gegen das Gefährdete abzuwägen und gegebenenfalls im Gefühl langfristig zu erweisender Überlegenheit auf Zeit zu setzen. Aber so weit, in solcher Politik des geduldigen Ausharrens Politik der Stärke zu sehen, war man damals noch nicht.

Als dann Konrad Adenauer den jungen amerikanischen Präsidenten John F. Kennedy bei seinem Berlin-Besuch begleitete, wurde aus dem weltpolitischen Signal westlichen Behauptungswillens in der Bundesrepublik ein Signal und eine Aufforderung, mit der unmittelbaren Nachkriegszeit zu Ende zu kommen und ihre politischen Repräsentanten nach Hause zu schicken. Das Bild mit dem greisen Bundeskanzler an der Seite des jugendlich wirkenden Kennedy und eines nicht minder Jugendlichkeit ausstrahlenden Willy Brandt, damals Regierender Bürgermeister von Berlin, veranschaulichte wie kaum ein anderes, was in der politischen Entwicklung des Landes überfällig war: der Generationswechsel, am dringlichsten an der Spitze der Bundesregierung. Adenauer war damals 85 Jahre alt.

1961 bestritt er seinen vierten Bundestagswahlkampf. 1957 hatten die Unionsparteien die absolute Mehrheit im Deutschen Bundestag erzielt. Dieses Mal würde es nicht so großartig ablaufen. Das lag an mancherlei, auch an der unrühmlich hingenommenen Tatsache des Berliner Mauerbaus. Aber es lag eben auch daran, daß Adenauer nicht mehr in die neue Welt paßte. Sogar der schon alte neue Papst war wesentlich jünger – und zeigte das mit neuen Gesten und Gedanken. Der rheinische Katholik Adenauer war nicht zufrieden mit ihm. Besonders auffallend aber stach das glanzvolle Leben, das die Kennedys in Washington entfalteten – der Präsident war mit einer glamoureusen Frau verheiratet –, von der biederen Kulisse in Bonn ab. Umgab sich Kennedy mit Hollywood-

Schönheiten und illustren Intellektuellen – Camelot wurde jetzt das Weiße Haus in Gedanken an den legendären Hof des Königs Artus (68ern vertraut aus der Lektüre der *Prinz Eisenherz*-Comics) genannt –, so konnte der greise Bundeskanzler dagegen lediglich mit Schnappschüssen von seinem italienischen Urlaubsort Cadenabbia aufwarten, wo er, das Pepita-Hütchen auf dem Haupt, die Boccia-Kugel schwang. Auch Willy Brandt, der sozialdemokratische Gegenkandidat 1961, verbreitete Charme und Glanz um sich – dazu verströmte er die Zuversicht, die Welt werde nicht zusammenbrechen, wenn einmal Adenauer nicht mehr Kanzler wäre. Brandt war erkennbar den schönen Seiten des Lebens zugetan, hatte eine attraktive Frau, und die Schriftsteller aus der schon weithin bekannten Gruppe 47 unterstützten seinen Wahlkampf mit einem Aufsatzbändchen *Alternative*, in dem sie für eine neue Regierung plädierten. Das Vorwort schrieb Martin Walser.

Da verlor Adenauer die Contenance. Im Wahlkampf spielte er mit der Nennung des Mutternamens seines Herausforderers auf dessen uneheliche Geburt an. Das war mehr als ein Fauxpas, das war eine Selbstentlarvung, nicht nur für das Empfinden der späteren 68er. Der höchste Repräsentant der Generation der Großväter war damit moralisch abgetreten. Er war der Herausforderung nicht gewachsen gewesen. Was uralt war, hatte sich als würdelos demaskiert.

Was Autorität verkörpert hatte, war nichts anderes als autoritär: Das war die Erkenntnis, die ein Jahr später, 1962, die *Spiegel*-Affäre den jungen Leuten aufzwang. Redakteure des Hamburger Nachrichtenmagazins hatten einen Bericht über die Leistungsfähigkeit der Bundeswehr (»Bedingt abwehrbereit«) recherchiert, dessen Veröffentlichung die Frage nach den Informanten des Blattes aufwarf. In der Bundesregierung versuchte man, die Neugier mit den Mitteln des Polizeistaats zu befriedigen. *Spiegel*-Herausgeber Rudolf Augstein saß 103 Tage in Untersuchungshaft. Adenauer – rhetorisch unbeholfen wie selten – sprach im Deutschen Bundestag von einem »Abgrund an Landesverrat im Lande«.

Schon das Wort stellte manch einen vor die Wahl, ob er es als lächerlich oder als provozierend werten sollte. Es paßte nicht in die Diskussion über Presserecht und Informationsfreiheit. Es paßte nicht in den Staat, der in den Jahren bis dahin entstanden war, auch wenn Adenauer regierte, es paßte nicht in den Parteienstaat mit einem Bundesverfassungsgericht und einer in freien Wahlen bewährten Bevölkerung. Spontan waren Menschen zu Demonstrationen für den *Spiegel* auf die Straße gegangen. Dabei war Augsteins Nachrichtenmagazin kein Blatt der Linken und konnte auch nicht dafür gehalten werden. Augsteins engere politische Freunde wirkten auf dem rechten Flügel der FDP, die damals zwar in Fragen gesellschaftspolitischer Liberalität innovativ, zugleich aber auch stramm nationalkonservativ zugeschnitten war. Um politische Richtungen ging es also nicht bei den Demonstrationen für Augstein und den *Spiegel*. Es ging wirklich um die Pressefreiheit – und um ein Prinzip: Der Staat darf nicht alles! Die Umschulung des Landes auf Demokratie war an ihr Ziel gekommen.

Augstein und der *Spiegel* gingen als Sieger aus der Affäre hervor, Adenauer als Verlierer. Als er 1963 verabredungsgemäß, aber gegen seinen Willen zurücktrat, ging mehr zu Ende als eine langjährige Kanzlerschaft. Es war jetzt vorbei mit dem lange respektierten Anspruch der Alten, nach der deutschen Katastrophe das Machtwort für den Weg in die Zukunft zu sprechen. Dieses Machtwort war Adenauer zugestanden worden. Und er verlor es zugleich mit der Würde, die er dem Amt zu geben vermocht hatte. Das vor allem nahm die 68er Generation zur Kenntnis.

So sind es die *Spiegel*-Demonstrationen, die am Anfang jener Ereignisfolge stehen, die umgangssprachlich in der Jahreszahl 68 zur Chiffre geworden ist. Es hatte gewaltige Aufmärsche und Protestkundgebungen in der Geschichte der Bundesrepublik auch schon vorher gegeben. Und bei den Demonstrationen aus Anlaß des Vorgehens gegen den *Spiegel* stellten gewiß die 68er nicht das Hauptkontingent. Neu war der Typus des Protests, der sich in der Bundesrepublik verstärkte, je mehr die 68er bei den Demonstrationen den Ton angaben und die Masse der Beteiligten bildeten.

Hier ging es nicht direkt, sondern mittelbar um eigene Interessen. Es waren die Prinzipien Pressefreiheit und Machtbeschränkung der Exekutive im Rechtsstaat, welche die Demonstranten zu ihrer Sache gemacht hatten, stellvertretend für die kritische Öffentlichkeit im Land. Gestritten wurde nicht für einen Parteienstandpunkt, sondern für ein Verfassungsrecht. Zusammenführende Kraft war nicht ein Organisiertsein, sondern ein Beteiligtsein. Das Unternehmen hatte Erfolg, und diese Erfahrung war ermutigend. Sie zeugte den Wunsch nach mehr.

Es waren keine Kinder gewesen, die diese Erfahrung

gemacht hatten. Und was sie die kaum bewußten Illusionen der Kindheit hatte verlieren lassen, waren zum Teil deprimierende, zum Teil empörende Wahrnehmungen in den späten fünfziger Jahren. Das Wirtschaftswunder der Bundesrepublik war schon zu einem festen Begriff geworden, da erlebten die Heranwachsenden die beiläufigen Konsequenzen. Zunehmender Wohlstand und zunehmende Bewegungsfreiheit waren dem Zusammenhalt der Familie, wie er in den Zeiten der Not bestanden hatte, nicht förderlich. Manches, was bis dahin als Überlebensgemeinschaft Bestand gehabt hatte, brach nun auseinander oder zerbröselte. Manches, was zuvor in der Not der Verhältnisse zur Tugend erklärt worden war, wurde verabschiedet, als die Not überwunden war und man die Tugend als lästig empfand. Der soziale Druck, der von den Kirchen ausging, wurde nicht mehr akzeptiert. Auch die neuen Konsumgewohnheiten der Heranwachsenden, mit und ohne Kosten, entfremdete Familienmitglieder untereinander.

Auf durchaus verschiedenen Ebenen wirkten die Schulen an der Desillusionierung dieser jungen Generation mit. Sie vermittelten – mit regionalen Unterschieden zwar, aber doch nachdrücklich – Kenntnisse von dem Geschehen im Dritten Reich. Es war jetzt nicht länger nur der Olympia-Film von Leni Riefenstahl, von dem die Eltern geschwärmt hatten, der, wenn überhaupt etwas, als Dokument aus jener Zeit einigermaßen bekannt war. In den katholischen Landesteilen wurde über die Naziverbrechen mehr gesprochen als in manchen protestantischen Landesteilen. Aber es war doch unmöglich, in der Bundesrepublik um das Jahr 1960 herum und später Abitur zu machen, ohne den Namen Anne Frank gehört oder Paul Celans *Todesfuge* gelesen zu haben. Ob mit der Besonderheit des Verbrechens, dem rassistisch motivierten Judenmord, auch die Dimension des Verbrechens vermittelt wurde, der fabrikmäßige Massenmord, die voraufgegangene Rechtlosstellung eines ganzen Bevölkerungsteils auch in der unmittelbaren Umgebung, in der die Schüler aufwuchsen – das freilich muß dahingestellt bleiben. Es gibt Zeugnisse dafür, daß dies geschah, aber es gibt auch Hinweise darauf, daß dies vielleicht vom Lebensalter der Schüler her zu früh geschah. Diese letzteren Hinweise finden auch in Erfahrungen späterer Jahrgänge aus den siebziger und achtziger Jahren Bestätigung.

Was im Schulunterricht angefragt wurde, das wurde zu Hause nachgefragt. Und jetzt wurde das Schweigen der Väter von den Kindern erst in seiner Absichtlichkeit bemerkt. Auch dadurch wurde das innige Verhältnis in den Familien kaum gestärkt. Wo notorisches Schweigen hingenommen wurde, wuchs auch die Distanz. Wo hartnäckiges Fragen nicht zu einem Ende kam, wuchs die Gereiztheit. Was für viele Väter fünfzehn Jahre oder mehr zurücklag, war für die Kinder, die es in der Schule gehört hatten, neu. Die Väter traf das als Ärgernis. Die großen Brüder hatten nicht gefragt, warum fragten die kleinen?

Aber auch die Schulen enttäuschten ihre besten Absolventen. Nach Lehrplänen, die in den frühen fünfziger Jahren konzipiert worden waren, präsentierten sie zur modernen Literatur Texte, die nur einen sehr begrenzten Ausschnitt aus den Werken des 20. Jahrhunderts boten. Es waren christliche Schriftsteller (Reinhold Schneider,

Stefan Andres, Gertrud von LeFort), es waren neuromantische Schriftsteller (Agnes Miegel, Manfred Hausmann), es waren Schriftsteller, die mit ihrer Art von Humanismus in der bürgerlichen Abteilung des NS-Staates hatten Ehren sammeln, zumindest aber ihre Bücher publizieren können: Hans Carossa, Werner Bergengruen. Und nicht alle Naziautoren waren verschwunden. Das Angebot wirkte um so kläglicher, je stärker Literatur aus dem Ausland zur privaten Lektüre hinzukam und verglichen werden konnte: Albert Camus, Graham Greene, John Steinbeck.

Was aber zur Herausbildung eines spezifischen Bewußtseins der 68er durch Schulerfahrungen in besonderer Weise beitrug, war das, was sie nicht zu lesen bekamen. Die expressionistischen Dichter wurden, wenn überhaupt, durch Hinweise auf Trakl und Werfel vermittelt, sozialistische Dichter kamen nicht vor; moderne, aber moralisch anrüchige erst recht nicht. Über dem Literaturunterricht herrschte der Geist der erzieherischen Zensur. Es mag dieser Umstand dazu beigetragen haben, daß bei den 68ern später die Theorie verfangen konnte, schöne Literatur, Belletristik, Romane seien als Relikte der bürgerlichen Gesellschaft überhaupt zu vernachlässigen oder als Zeugnisse ideologischer Verblendungspraxis kritisch zu entlarven. Freilich waren die 68er weder die Urheber solcher Überlegungen noch ihre versiertesten Verfechter. Die erfolgreichsten Schriftsteller dieser Generation (Peter Handke, Michael Krüger, Sten Nadolny, Botho Strauß) haben zwar zum Teil unter dem Einfluß des Zeitgeistes der sechziger Jahre zu publizieren begonnen, haben sich aber bald – jeder auf seinem Weg – weit davon entfernt. Man würde sie, nach ihren letzten Büchern, nicht für 68er halten, wie man sie in den sechziger Jahren wahrnahm.

Als sie die Schule verließen, standen die Intelligenteren und Bildungshungrigen dieser Generation vor der Einsicht, daß ihnen Wissenswertes vorenthalten worden war, aus Gründen, denen sie nicht zustimmen wollten. Das galt zumal für den Geschichtsunterricht und den Deutschunterricht. Der Verdacht, einem Versuch der Manipulation durch die Schule ausgesetzt gewesen zu sein, war da schon vorhanden, ohne daß jeder das mit diesen Worten zum Ausdruck gebracht hätte. Dieser Verdacht oder Argwohn ist eines der stärksten Elemente der Persönlichkeitsbildung in der Jugend der 68er geworden – allerdings auch das fröhliche Selbstvertrauen in die Fähigkeit, Defizite selbständig aufarbeiten zu können und Manipulationsabsichten durch eigene intellektuelle Anstrengungen zu durchkreuzen.

Lernen ist entlarven. Entlarven macht Spaß. Also macht Lernen Spaß. Das ist eine der Grundüberzeugungen der 68er. Die brachte sie nun allerdings oft dazu, Entlarvung zu betreiben, wo es nichts zu entlarven gab. Verdächtigungen anzustellen, wo nichts im argen lag. Damit gingen sie alsbald den Älteren und Jüngeren erheblich auf die Nerven.

Aber das machte sie lange Zeit glücklich.

Die Entfremdung von den Kirchen hatte mehrere Ursachen. Zunächst ist es nicht ungewöhnlich, daß junge Menschen sich nach Abschluß ihrer Kindheit von den kindlichen Formen des Glaubens freimachen und denken, sich dabei vom Glauben überhaupt trennen zu sollen. Auch werden ihnen mit dem Abstreifen des Kindlichen die Rituale peinlich, denen sie als Kinder gefolgt sind. Das Verhalten der Kirchen im Dritten Reich wurde neu beleuchtet, und das begleitete die Ernüchterung, es bot die Chance einer von Glaubensfragen unabhängigen Distanzierung. Rolf Hochhuths Schauspiel *Der Stellvertreter*, das eine internationale Diskussion über das Versagen des Papstes angesichts des Judenmordes eröffnete, die bis heute nicht beendet ist, bedeutet so auf eigene Weise ein Datum für das Ende der Nachkriegszeit.

Die 68er registrierten aber nun etwas ganz anderes mit steigendem Unwillen – solange sie es überhaupt noch beachteten: Die Kirchen oder aber doch maßgebliche Geistliche traten ihnen als Mahnende entgegen auf Gebieten, wo sie eben ihre eigenen Wege zu finden sich anschickten. Vor allem die katholische Kirche beanspruchte mitzureden, wenn es darum ging, welche Bücher gelesen und welche Filme angeschaut werden durften. Dagegen empörte sich eine Generation, die – anders als die Väter und großen Brüder – viel Gelegenheit und große Lust hatte, Zeit verschwenderisch mit Büchern und im Kino zu verbringen. Der Anspruch der Kirche wurde als unerlaubte Einmischung empfunden.

Etwas später und jetzt schon mit unaufgeregter Selbstverständlichkeit wurde die Kompetenz der Kirchen zurückgewiesen, über das Sexualverhalten der Menschen zu befinden. Was man im kindlichen Alter noch als Verbot sogenannter unanständiger Praktiken mit bravem Schauder vernommen haben mochte, wurde zumal nach der Erfindung der Anti-Baby-Pille als Angriff auf das private Glücksverlangen empfunden, vorgetragen von unzuständiger Seite. Das Fastengebot – freitags Fisch – war Folklore gewesen, die Sexualmoral der Kirchen erschien primitiv.

Die 68er Generation war gewiß die erste deutsche Generation, in der junge Leute in großer Zahl in Friedenszeiten ins Ausland reisten und Deutschland von außen sahen. Mit den Eltern, in Gruppenfahrten, als Austauschschüler. Die wichtigsten Erfahrungen, die sie dabei machten, konnten sie, altersgemäß, unter dem Punkt Lebensfreude verbuchen – in Ländern, die nicht weniger christlich waren als Deutschland. Darauf mochten sie auch nicht nach der Rückkehr in die alten Verhältnisse zu Hause verzichten. Und dabei ließen sie sich ungern von Daheimgebliebenen hineinreden. Deutschland hatte sich den westlichen Ländern zugewandt – und die 68er waren die ersten, die das rundum genossen. Auch waren sie bereit, für das Genießen des Neuen und für die mit der Westorientierung zu gewinnenden demokratischen und zivilisatorischen Errungenschaften zu kämpfen.

Deutschland nach Westen zu bringen, eine deutsche Demokratie im Kreis der alten westeuropäischen Demokratien zu verankern, die Jugend des Landes im demokratischen Westen heimisch zu machen, das war für Adenauer, wo er bei der Gründung der Bundesrepublik als Staatsmann wirkte, das wichtigste Ziel gewesen. Und es waren die 68er, die das im Leben des Landes zu einem unumkehrbaren Prozeß werden ließen. Auch wenn sich das viele der Alten nicht so vorgestellt haben mögen.

Papst Johannes XXIII. hatte eine freundliche Ahnung davon gehabt. Aber er starb noch vor dem Ende des von ihm einberufenen Reformkonzils.

Fünftes Kapitel

Antiquariatsgänger und Ruhestörer

Suhrkamp-Kultur – ein Schlagwort, das der englische Literaturkritiker George Steiner erfand – war das, was die 68er zu ihrer Zeit an Büchern lasen. Es war nicht das, was die 68er als Autoren selbst hervorbrachten. Ihr Enthusiasmus war es, der Ernst Bloch und Herbert Marcuse in die Bestsellerränge brachte, und Verleger – nicht nur in Frankfurt – ermutigte, mehr dergleichen anzubieten. Kulturell wirksam wurde das, weil viele Professoren zugleich mit ihren Studenten die neu entdeckten Theoretiker zu lesen begannen und, was sie lasen, in ihren Veranstaltungen diskutierten. Auch die großen Zeitungen bemühten sich, auf die neue, vordem als spröde abgetane Literatur einzugehen.

Jetzt wurde manches populär von dem, was die Generation der großen Brüder einst ans Licht gezogen hatte – etwa Texte des jungen Karl Marx. Aber bei den Studenten der sechziger Jahre diktierte der Nachholbedarf die Bücherlisten. Und der galt zunächst den unterschlagenen Großvätern, denen von der anderen Seite der Kalte-Kriegs-Front: neben Ernst Bloch Georg Lukács, Werner Krauss, Ernst Fischer. Bei Walter Benjamin – zweifellos die wichtigste literarische Ikone der Studentenbewegung – wurden die marxistischen Seiten wieder freigelegt. Die unterdrückt zu haben, war einer der heftigsten Vorwürfe gegen Theodor W. Adorno, den bekanntesten, weil brillantesten Emanzipationshelfer der 68er Generation. Es begann das, was Helmuth Lethen den »archäologischen Furor der sechziger Jahre« genannt hat. Wozu gehört: Die 68er waren eine Generation von Antiquariatsgängern und blieben es. Um sich die Sache zu erleichtern, gründeten Daniel Cohn-Bendit und Joschka Fischer in Frankfurt unmittelbar neben den Hauptgebäuden der Universität gleich selbst ein Antiquariat und nannten es nach Karl Marx. »Es ging nicht«, schreibt Michael Rutschky, »um die Wiedereinsetzung der Väter, denn die waren verdorben oder tot; es ging um die Wiedereinsetzung einer legitimen Herrschaft der Großväter, die von den Vätern vertrieben, unterdrückt, getötet, ausgelöscht worden waren.«

Wer über die der 68er Generation Angehörenden spricht, spricht immer über viele von ihnen zugleich nicht. Nicht alle lasen Marx. Die Zahl derer, die sich von den Beatles begeistern ließen, war sicherlich größer. Wer sich für die Psychoanalyse interessierte, wußte, daß orthodoxe Linke sie als spätbürgerlich verachteten. Für die meisten war Brecht der überragende deutsche Schriftsteller des Jahrhunderts. Aber diejenigen, die sich in Proust und Joyce vertieften, fühlten sich literarisch keineswegs als unzeitgemäß. Pazifisten wurden wiederentdeckt und bewundert. Aber als im Lichthof der Münchner Maximiliansuniversität im Frühjahr 1966 pathetische Filme über die militärischen Leistungen des Vietcong im fernen Indochina gezeigt wurden, beschloß das zahlreich erschienene studentische Publikum den Abend mit gut skandierten Rufen: Sieg im Volkskrieg! Der Vorwurf des Antiamerikanismus kam auf, aber die Studenten schwärmten für die schwarze Bürgerrechtskämpferin Angela Davis und für die blasse Balladensängerin Joan Baez, für Eldridge Cleaver und für Bob Dylan. Die elitäre marxistische Literaturzeitschrift *alternative* veröffentlichte ein Heft mit amerikanischen Protestsongs, Original und Übersetzung; dazu noch: die Rezension eines Buches über Walter Benjamin.

Es gab den – theoretischen – Versuch einer Annäherung an die reale Arbeiterbewegung (und eine Idealisierung der historischen). Aber die Praxis lief mehr auf Überzeugungen hinaus, nach denen die studentische Jugend das neue Subjekt revolutionärer Veränderungen sei. Das Wort »bürgerlich« war ein Schimpfwort geworden, aber nie zuvor hatten Studenten so viele Möglichkeiten gehabt, sich das Leben schon in ihrem Studium angenehm bürgerlich einzurichten – und sie nutzten sie. Für die meisten hatte das Abweichen von der Norm den Reiz einer Ablenkung und unbekannte Sensationen verheißenden Unterbrechung des schon für die Zeit nach dem Studium geregelten Lebens. Andere dachten ernsthaft über eine neue sozialistische Revolution nach. Und wieder andere fanden Spaß daran, so zu tun, als täten sie das.

Dennoch kann man einige – von vielen geteilte – Motive für die intellektuelle und lebenspraktische Neuorientierung der 68er plausibel machen. Anfang der sechziger Jahre schien im Westen die Politik der Stärke gegenüber der Sowjetunion und den Ländern des Ostblocks gescheitert zu sein. Zugleich hatte die Entkolonialisierung den Blick auf die Länder der Dritten Welt gelenkt. Es entwickelte sich das Gefühl für eine globale Verantwortung in der Politik – und es wuchs die Kritik an den Versäumnissen des Westens bei der Gestaltung der Beziehungen zwischen den alten Mächten und den jungen Staaten. Die erste Demonstration, bei der die Auflagen der Polizei erfolgreich ignoriert wurden, war die anläßlich des Besuches des kongolesischen Ministerpräsidenten Moise Tschombé in Berlin am 18. Dezember 1964. Studenten durchbrachen die Kette der Bereitschaftspolizei und warfen innerhalb der Bannmeile um das Schöneberger Rathaus mit Eiern und Tomaten. Tschombé war ein diktatorischer Gefälligkeitspolitiker im Sinne der alten Kolonialmächte und wurde für die Ermordung des marxistisch orientierten Patrice Lumumba verantwortlich gemacht.

War bisherige internationale Politik vor allem von der Frontstellung der Nato-Staaten – in vorderster Linie: die Bundesrepublik Deutschland – gegen den Kommunismus bestimmt worden, so stellte sich jetzt die Frage, ob das weiterhin richtig sei. Und es folgte ihr die zweite Frage nach, ob das nicht schon vorher falsch gewesen sei. Auch aus den USA schienen in der ersten Zeit der Kennedy-Administration Signale zu kommen, die auf das Bemühen um Entspannung in den Ost-West-Beziehungen deuteten. Churchill hatte nach dem Zweiten Weltkrieg von dem Eisernen Vorhang gesprochen, der in Europa niedergegangen sei und den Kontinent geteilt habe. Nun war es an der Zeit, hinter den Vorhang zu schauen. Oder aber: sich mit kommunistischen Theorien zu befassen, ohne sich durch das abschreckende Beispiel des realexistierenden Kommunismus irritieren zu lassen. In anderen europäischen Ländern gab es kommunistische Parteien. In der Bundesrepublik gab es – seit dem KPD-Verbot 1956 – nur eine Geschichte der Kommunisten, die sich allerdings um so faszinierender las, je weiter man darin zurückging. Die Aufsätze und Bücher darüber, teils neu geschrieben, teils wieder aufgelegt, sind nicht zu zählen. In dieser Zeit und für diese Generation wurde Rosa Luxemburg zu der meistverehrten – und zugleich bestbekannten – Frau der deutschen Geschichte. Kaum ein 68er, der nicht mit Respekt von ihr gesprochen hätte.

Jürgen Seifert, einer der großen Brüder der 68er im SDS, hatte auf einer Delegiertenkonferenz 1959 gesagt: »Wir alle haben nur geringe Kenntnisse von den großen Werken der sozialistischen Theorien; wir kennen kaum die Geschichte der sozialistischen Bewegung.« Als etliche Jahre später, 1966, eine Delegiertenkonferenz mit internationaler Beteiligung (aus der Sowjetunion, aus den USA) in Frankfurt stattfand, konnten auf den Büchertischen auch Raubdrucke von Büchern Wilhelm Reichs (*Die Funktion des Orgasmus*) gekauft werden. Die Rezeption Reichs wurde für die Studentenbewegung letztlich wichtiger als die Lenins.

Die Politische Wissenschaft, die Soziologie, die Psychoanalyse waren in der Nazizeit in Deutschland auf ein Kümmerdasein herabgesunken – wenn es sie überhaupt noch gab. Ihre wichtigsten Fachvertreter waren emigriert. Und beim Neuaufbau nach dem Krieg waren die Emigranten, wenn sie denn überhaupt zurückkehrten, zunächst nicht besonders einflußreich, zumal dann nicht, wenn sie politisch links standen oder verdächtigt wurden, das zu tun. Eine Ausnahme bildeten die Gelehrten der Frankfurter Schule, Adorno und Horkheimer, die nun allerdings keine Linken mit einer wie auch immer formulierten Nähe zum Kommunismus waren.

»Wir bewunderten die deutschen Professoren«, beschreibt der amerikanische Literaturkritiker Anatole Broyard, der 1946 als abgemusterter Soldat in New York zu studieren begann, seine ersten Erfahrungen an der New School of Social Research. Aber diese deutschen Professoren waren Emigranten, und »sie taten ihr Bestes, uns zu Emigranten im eigenen Land zu machen«. So hätten sich auch manche 68er in den Jahren der Großen Koalition und der Kanzlerschaft Kiesingers am liebsten gefühlt, zumindest in politischen Gesprächen. »In allen Seminaren, die ich belegte«, bemerkt Broyard an anderer Stelle, »ging es darum, *was falsch ist*: Was ist falsch an der Regierung, an der Familie, an der Persönlichkeitsstruktur und an den zwischenmenschlichen Beziehungen – was ist falsch an unseren Träumen, an unserer Liebe, an unserer Arbeit, an unseren Wahrnehmungen und Vorstellungen, an unserer Ästhetik, an der *condition humaine* überhaupt?«

Solche Seminare wollten die 68er an den deutschen Universitäten auch haben. Und sie wollten mehr davon, als es der traditionelle Lehrkörper anbieten konnte. Und sie wollten sie bald anders, als die kultivierten Akademiker mit hohen Ansprüchen an die Lernbereitschaft ihrer Studenten sie abzuhalten bereit waren. Es gehört zur Tragik eines jüngeren Gelehrten wie dem Literaturwissenschaftler Peter Szondi, eines ungarischen Juden, der sich politisch zur Linken hingezogen fühlte, daß er mit dem hohen Niveau seiner wissenschaftlichen Arbeit vor allem die konservativen Kollegen beeindruckte. Und daß er später auch durch die vermeintlich kommunistisch inspirierten Kapriolen der aufbegehrenden Studenten verschreckt wurde.

Die Gegenwart des Kommunismus war für die Deutschen in der DDR zu besichtigen, in dem anderen deutschen Staat, der zunächst auch nach der – inzwischen für gescheitert angesehenen – Politik Adenauers keiner sein durfte, also nicht anerkannt wurde. Diese DDR war nicht geeignet, Zuneigung zu wecken, ihr bestimmender Politiker Walter Ulbricht erst recht nicht. Der aus der DDR hinausgeekelte Philosoph Ernst Bloch fand die für die 68er richtigen Worte, als er sagte, Ulbricht sei nun einmal nicht sexy.

Aber mit unkonventionellen Ansichten über die DDR konnte man die etablierten Autoritäten in Deutschland ärgern. Hier war wegen der Teilung des Landes und der Teilung und der Gefährdung Westberlins der Ost-West-Konflikt ideologisch mächtig aufgeladen, von beiden Seiten her. Einerseits brauchten DDR-Dissidenten, wenn sie der Verhältnisse im Deutschland der Russen überdrüssig waren, lediglich ins andere, in das Deutschland der Amerikaner zu wechseln, was den Schritt einfacher machte, als er für Polen oder Tschechen war – und der Grund dafür wurde, ihn durch mörderische Sicherung der innerdeutschen Grenze schwerer zu machen. Andererseits konnte die DDR-Führung, indem sie Deutsche nach Deutschland schickte, in ganz anderer Weise Spionage und – wie man atavistisch fürchtete – Sabotage und Subversion betreiben, als dies in anderen westlichen Ländern möglich war. In der Abwehr dagegen, die oft ebenso übertrieben wie tölpelhaft aufgezogen wurde, sah eine neue Generation je nach Diskussionslage entweder den allgegenwärtigen Polizeistaat am Werke oder lächerliche Figuren, die geistig nicht auf der Höhe der Zeit waren, einer Zeit, in der kommunistische Ideen als Alternative ernst genommen werden sollten.

Wenn sich etwas ändern sollte in Deutschland, in Europa, so die Stimmung, die jetzt viele 68er erfaßt hatte, dann war dazu ein von alten Scheuklappen befreites Zugehen auf die marxistischen Lehren und die kommunistischen Länder notwendig. Gern zitierte man dazu den sonst weniger geschätzten Thomas Mann, der den Antikommunismus die Grundtorheit des Jahrhunderts genannt hatte: das für die Eltern, die immer noch *Die Buddenbrooks* im Wohnzimmerschrank hatten.

Man darf indes das Interesse der 68er für den Kommunismus nicht zu hoch einschätzen, wenn man versucht, von der Generation im ganzen zu sprechen (»Das Ganze ist das Unwahre« – Adorno). Daß im Ozean des bedruckten Papiers, der sich in den sechziger Jahren sintflutartig über die Universitätsstädte ausbreitete, die kommunistische Propaganda in unzähligen Variationen am auffälligsten war, erklärt sich auch daraus, daß die DDR einiges Geld fließen ließ, um den Protest der Jugend, dem ihre Ideologen mißtrauten, in die gewünschte Richtung zu lenken. Da wurde vom kleinen Aktionsheftchen bis zur anspruchsvollen Literaturzeitschrift vieles unterstützt. Auch das für die neue Linke wichtigste Periodikum jener Jahre, die aus einer literarisch ambitionierten

Studentenpostille hervorgegangene Zeitschrift *konkret*, wurde damals diskret von der DDR finanziert. Und die aus der Friedensbewegung hervorgegangene Journalistin Ulrike-Marie Meinhof, deren Kolumnen tatsächlich fast jeden elektrisierten, der sich zur Studentenbewegung zählte, verschmähte heimliche Kontakte mit DDR-Offiziellen keineswegs.

Aber die DDR hatte noch anderes und Besseres zu bieten. Im politischen Kampf der Enkel Adenauers gegen die Väter-Generation, die sich jetzt anschickte, in der Bundesrepublik in die Ämter einzurücken, die Macht bedeuteten, leisteten DDR-Stellen wertvolle Büchsenspannerdienste. So manches Dokument, das einen Ehrgeizigen belastete, der schon unter Hitler zu ehrgeizig gewesen war, erreichte nun eine kritische Öffentlichkeit im Westen. Zwar hatte die DDR auch früher schon versucht, mit echten oder gefälschten Papieren Repräsentanten der Bundesrepublik in Mißkredit zu bringen – und weil man in Bonn und anderswo nicht allzu wählerisch gewesen war beim Anheuern von Mitarbeitern, brauchte man gar nicht so viel zu fälschen –, aber das hatte man im stramm antikommunistischen Klima jener Jahre stets als kommunistische Störmanöver abtun können, die keine Beachtung verdienten. Das war im Aufruhr der Außerparlamentarischen Opposition (APO) anders geworden. Jetzt wurde begierig aufgegriffen, was wenigstens mit dem Anflug von Glaubhaftigkeit aus Ostberlin geliefert wurde. Und auch Fälschungen wie jene, die den Bundespräsidenten Heinrich Lübke der Beteiligung am Bau von Konzentrationslagern zu überführen trachteten, wurden in großen Blättern (*Stern*) für bare Münze genommen.

Die neuen Frontlinien in der Bundesrepublik Deutschland schienen stets nach dem gleichen Muster zu verlaufen. Auf Adenauer war – ein Zwischenspiel, vor dem der Uralte gewarnt hatte – der populäre Wirtschaftsminister Ludwig Erhard gefolgt, ein deutlich jüngerer Kanzler zwar, aber auch zu den Großvätern gehörend. Erhard war, nachdem er 1965 noch einen überraschenden Sieg bei der Bundestagswahl hatte erstreiten dürfen, 1966 gestürzt worden – von den ersten aus der Väter-Generation, die sich nun um das Erbe balgten. Was dabei herauskam, war die Große Koalition von Unionsparteien und SPD – jener SPD, die sich seit 1959 nach und nach von den Altlinken in ihren Reihen getrennt hatte, um diesen Schritt herbeizuführen. Für viele Studenten – und nicht nur für sie – war die Große Koalition der lebende Beweis dafür, daß »hinter der Fassade verfassungsmäßig ausgewogener Gewaltentrennungen« eine »weitgehende Symbiose der Parlamentsführung mit den Spitzenkräften des Exekutivapparats beobachtet« werden könne (Johannes Agnoli). Das war zwar nicht annähernd korrekt, wenn es um die Beschreibung der Arbeit der Großen Koalition gegangen wäre. Aber darum ging es nicht. Es ging darum, ein statisch aufgefaßtes Bild von Politik zur Denunziation des aktuellen Parlamentarismus zu benutzen.

Sehr schnell schon wurde das Bild durch ein anderes abgelöst. Ende 1964 war die NPD als eine Partei der Rechten gegründet worden, die zusammenführen sollte, was von den nationalistischen Parteien der fünfziger Jahre übriggeblieben war. Der NPD gelang – begünstigt durch eine die Bürger verunsichernde Wirtschaftsflaute (die auch zum Sturz Erhards geführt hatte) – rasch der

Einzug in sieben Landtage. Hauptideologe der Nationaldemokraten war übrigens jener Ernst Anrich, der als Chef der Wissenschaftlichen Buchgesellschaft dafür gesorgt hatte, daß die Studenten bis weit in die siebziger Jahre hinein mit Büchern der universitären NS-Elite versorgt wurden, auch mit solchen, in denen unverändert der Unfug der dreißiger Jahre nachgedruckt worden war – dafür brauchten die Studenten nicht ins Antiquariat zu gehen. Als im Frühjahr 1969 die Bundesversammlung einen neuen Bundespräsidenten zu wählen hatte, stellte die SPD den Justizminister der Großen Koalition, Gustav Heinemann, auf. Für die Union kandidierte Verteidigungsminister Gerhard Schröder, der, um zu gewinnen, von der NPD gewählt werden mußte, was er und seine Partei akzeptierten. Heinemann gewann, weil die FDP für den Sozialdemokraten stimmte und damit den Weg zu einer linksliberalen Koalition wies, zu der es im Herbst 1969 tatsächlich kommen sollte.

Die von der Studentenbewegung vielfach vermutete Frontstellung Demokraten gegen Faschisten schien bei der Bundespräsidentenwahl anschaulich geworden zu sein. Sie war noch grimmiger zitiert worden in den Angriffen auf den Bundeskanzler der Großen Koalition Kurt Georg Kiesinger, der im Dritten Reich als NSDAP-Mitglied eine kleine Karriere beim Rundfunk hatte machen können. Vizekanzler und Außenminister war der zurückgekehrte Emigrant Willy Brandt. Der für die Linke empörende Skandal der Kanzlerschaft Kiesingers führte zum Eklat, als die französische Antifaschistin Beate Klarsfeld ihn 1968 bei Gelegenheit des Berliner CDU-Parteitags einen Nazi nannte und ohrfeigte. Der Prozeß gegen Klarsfeld wurde innerhalb und außerhalb des Gerichtssaals zu einem Tribunal gegen Kiesinger.

Das wichtigste Thema der neuen Linken in den Jahren der Großen Koalition war jedoch der Kampf gegen die Notstandsverfassung und die Notstandsgesetze. Hier wollten die Bundesregierung und die Regierungsparteien mit Relikten aus der Frühzeit der Bundesrepublik aufräumen, als im Deutschlandvertrag von 1952 ein Sicherheitsvorbehalt der Alliierten festgeschrieben war, der die Souveränität des jungen, noch ungefestigten Staates einschränkte. Geregelt wurden die Einsatzmöglichkeiten von Bundeswehr und Polizei in Fällen des inneren und äußeren Notstands und in Unglücksfällen. Die neue Linke argwöhnte, es werde die Rückkehr zum autoritären Staat vorbereitet. Auch hier mißtraute sie den Machern dieser Gesetze, von denen die meisten allzu einverständig Naziuniformen getragen hatten. Sie mobilisierte gewaltige Demonstrationen und Protestkundgebungen dagegen. In Frankfurt fanden sich einige namhafte Professoren zusammen, gingen ins Gewerkschaftshaus der IG Metall und forderten die Arbeiterführer auf, den Generalstreik auszurufen. Die schüttelten nur verwirrt die Köpfe.

Die neue Erbitterung über die alten Nazis in der Bundesrepublik hatte durch den Auschwitz-Prozeß, der 1963 in Frankfurt begann, erheblich an intellektueller Schärfe und emotionaler Kraft hinzugewonnen. Längst war bekannt, daß zumal in der Justiz der Übergang von der alten Unrechtsordnung zum Rechtsstaat fast ohne personelle Veränderungen abgegangen war – hierauf hatte Staudtes Film *Rosen für den Staatsanwalt* vergeblich hingewiesen. Mit hohem moralischem Rigorismus gingen jetzt die Studenten daran, die Vergangenheit mißliebiger Amtsinhaber zu durchleuchten, vor allem, das lag nahe, die ihrer Professoren an der Universität. Und daraus erwuchs auch eine Verführung zum Zynismus. Wer von den Professoren sich rechtzeitig auf die Seite der progressiven Programme geschlagen hatte, konnte unbehelligt bleiben. Das war der Preis dafür, daß die zielstrebig vorgehenden Studentengruppen als Linke auch etwas erreichen wollten, weshalb sie gelegentlich der Versuchung erlagen, das moralische Engagement bei der sogenannten Vergangenheitsbewältigung zu instrumentalisieren.

Da sowohl bei den Demonstrationen gegen den Vietnamkrieg der USA als auch bei den Protestkundgebungen gegen die Notstandsgesetze – und bei etlichen anderen Veranstaltungen – die Zeitungen des Springer-Verlages sich in hetzerischer Weise über die Studenten und ihre prominentesten Sprecher verbreiteten, richteten sich die Aktionen der organisationsfähigen Gruppen, zu denen rasch Studierende aus allen Bereichen der Universität stießen, auch gegen den Konzern, dem obendrein vorgeworfen wurde, eine mancherorts monopolartige Stellung – Berlin, Hamburg – publizistisch zu mißbrauchen. Zumal nach dem Attentat auf Rudi Dutschke am 11. April 1968 – der charismatische Studentenführer wurde schwer verletzt, an den Spätfolgen starb er 1979 – schlug die konditionierte Gegnerschaft in blanke Wut um. Es kam zu Blockaden und gewalttätigen Auseinandersetzungen an den Druckorten des Verlages. »Enteignet Springer« wurde zu einem der am weitesten verbreiteten Slogans der Studentenbewegung.

Wegen solcher und ähnlicher Ereignisse haben die 68er den Ruf, durch abenteuerliche Straßenkämpfe allesamt mit einer heroischen Vergangenheit geadelt zu sein. Das ist zum Teil Rückprojektion der siebziger Jahre, als die Protestbewegung im Häuserkampf oder bei AKW-Demonstrationen an das Vorbild der schon legendären Studentenbewegung anzuschließen versuchte. Das hat zu einem anderen Teil aber auch sicherlich damit zu tun, daß die 68er auf der Straße – auch mit wüsten Parolen, die Spaß machten: Haut die Bullen platt wie Stullen – ein ganz neues Verhältnis zur Polizei erkämpften. Hatten sich vordem die staatlichen Ordnungskräfte noch als alleinige Herren der Veranstaltung gesehen, so lernten sie in den sechziger Jahren, gegenüber Demonstranten, selbst wenn sie etwas wild auftraten, eine neutrale Rolle einzunehmen. Andererseits lernten sie auch, auf gewalttätige Gruppen mit neuen, martialischen Mitteln zu reagieren. Mehr als die – nicht seltenen – Konfrontationen dürfte allerdings das Erlebnis unkonventioneller Gemeinschaft die Erinnerung an die großen Demonstrationen bestimmt haben – auch bei denen, die sich gar nicht beteiligt hatten. Und die rückwärtsgewandte »Weitsichtigkeit der Erinnerung« (Leonardo Sciascia) dürfte dieses Erlebnis auch noch für die unmittelbar nachfolgende Generation attraktiv gemacht haben. Die Protestbewegung der siebziger Jahre erfährt bis heute manche romantisierende Bewertung aus der Einbildung, ihr Auftreten hinge noch mit den legendären Demonstrationen der Studentenbewegung zusammen.

In seinem 1977 herausgekommenen Buch *Was wir wollten, was wir wurden – Studentenrevolte zehn Jahre danach* teilt Peter Mosler die Erinnerung eines Beteiligten an einer der nachmalig berühmtesten Auseinandersetzungen mit, die begonnen hatte als Solidaritätskundgebung für den APO-Anwalt Horst Mahler: »Bei der Schlacht am Tegeler Weg, eine Art Wendepunkt im Straßenkampf, riefen uns die Chemie-Arbeiter über den Fabrikzaun zu, als wir gerade gegen Berittene und Wasserwerfer loslegten: ›Ihr schafft es nicht!‹ Da wurden wir hellhörig. ›Ihr schafft es nicht?‹ Stimmt, wir haben es ja auch nicht geschafft. Die Polizei mußte nur einen Rückzug machen – was allerdings noch nie dagewesen war. (Doch es war kein Sieg, es war nur das Ende des Tschakos und beschleunigte die militärische Ausbildung der Westberliner Polizei.) Aber es kam uns wie ein neuer Ton vor. Wenn die Arbeiter zu uns sagen, wir schaffen es nicht, dann nehmen sie doch – kritisch! – an unserem Kampf teil. Das war das Neue, sagten wir uns.«

Dabei war das, was diesen Demonstrationen ihren absolut neuen Charme verlieh, nicht das Werk der Altlinken, die im SDS mit exorbitantem Fleiß diskutierten und Papiere produzierten. Es war eine andere, jüngere Fraktion im SDS, die neue Methoden in die politischen Auseinandersetzungen trug. Französische Künstler hatten in den fünfziger Jahren Sartres Gedanken zu einer Situationsethik aufgegriffen, die sie freilich in eigenem, vom Surrealismus geprägtem Verständnis weiterentwickelten. Auf die Herausforderungen einer politischen Situation sollte sogleich situationsgerecht reagiert werden: pointierend-witzig und, wenn es sein mußte, militant. Es entstand die »Situationistische Internationale«; ihr deutscher Ableger war die »Gruppe Spur« in München. Der gehörte schon der nachmals bekannte Dieter Kunzelmann an, der 1962 die »Subversive Aktion« gründete – zu der auch Rudi Dutschke stieß – und 1967 die »Kommune I«, in der neue Formen intimen Zusammenlebens als Alternative zur Kleinfamilie erprobt werden sollten.

Um anschaulich werden zu lassen, was die Subversiven damals machten, sei folgende Geschichte erzählt. Es war in Süddeutschland in den fünfziger Jahren ein Professor – Philosophie, avantgardistische Literatur, Ästhetik, aber auch ein kenntnisreicher Mathematiker – zu hohem Ansehen gelangt, der gleichsam die Moderne zu verkörpern schien. Ob die Aura, die er um sich schuf, oder der Verehrungswille des Publikums ihn dazu gemacht hat, wird nicht mehr zu klären sein. Gleichviel: Junge Leute mieteten in München einen illustren Vortragssaal und ließen Plakate drucken, auf denen ein Vortrag dieses Professors angekündigt wurde, mit einem Thema, dessen Formulierung nüchterne Menschen hätte skeptisch machen müssen. Am Abend des angekündigten Tages war der Saal rappelvoll. Man mußte warten. Dann ging ein Student ans Podium, bewaffnet mit einem Tonbandgerät und einem Glas Wasser. Der las ein Telegramm vor, in dem der Professor mitteilte, er sei überraschend gehindert, zu kommen, bedaure dies sehr und schlage vor, seine Ausführungen vom Tonband zu hören. So wurde verfahren. Auf dem Pult standen das Glas Wasser und das Gerät, und zu hören war ein Kauderwelsch in klug verschrobenen Sätzen. Das Publikum applaudierte dankbar, die Presse berichtete, wenige Tage später erstattete der Professor Strafanzeige. Er vermutete richtig, daß der Kult um ihn verhöhnt worden war.

Von etwas anderer Qualität war das rasch berühmt gewordene Pudding-Attentat, mit dem Mitglieder der »Kommune I« den amerikanischen Vize-Präsidenten Hubert Humphrey erschrecken wollten, als dieser 1967 Berlin besuchte. Aus Pudding, Mehl, Joghurt und Rauchentwicklern sollten »Mao-Cocktails« zusammengerührt werden und zum Einsatz kommen: ein Happening. Die Sache wurde ruchbar, die Presse berichtete, die Polizei schritt zu Festnahmen.

Der Literaturwissenschaftler Klaus Briegleb hat darauf hingewiesen, daß im Programm der »Subversiven Aktion« – 1963 als »Unverbindliche Richtlinien« vorgestellt – eine der »Ursprungslinien der Revolte« liegt. Da bezog man sich nicht nur auf avantgardistische Bewegungen wie Futurismus, Dadaismus, Surrealismus und Beat, auch Karl Marx taugte zum Vorbild mit seiner Empfehlung, die »versteinerten Verhältnisse dadurch zum Tanzen zu bringen, daß man ihnen ihre eigene Melodie vorsingt«.

Und von wieder anderer Qualität war der offene Psychoterror, unter Einschluß realer Gewalt, mit der Studentenhaufen gegen einzelne, auch ältere Professoren in den Vorlesungen, in den Seminaren vorgingen, nicht auf ihre physische Verletzung, wohl aber oft auf die Verletzung ihrer persönlichen Würde bedacht. Allzumeist waren dabei die 68er ihren Vätern ähnlicher, als es ihnen klar war – und von ihren großen Brüdern weiter entfernt, als es ihren Ideen nach der Fall war.

Jürgen Miermeister, der eine Biographie Dutschkes geschrieben hat, spricht deshalb von den 68ern als einer »januskÖpfigen Generation«, die ein Gemisch aus Anarchismus und Marxismus zusammengebraut habe. Er unterschlägt dabei das dritte beigemischte Element: den besinnungslosen Konformismus und die fröhliche Grausamkeit der akademisch verlängerten HJ-Generation. Aber auch das ist nur das Ergebnis eines Blicks auf einen Teil der Geschichte.

»Die Phantasie an die Macht« hieß eine der zugkräftigsten Parolen der 68er, und was an theoretischer Arbeit dahinterstand, dürfte für die 68er wichtiger gewesen sein als die Werke von Marx und Engels, die von den Studenten der nächsten Generation in endlosen Lektürekursen studiert wurden. »Aus den ästhetischen Provokateuren einer Münchner, dann Berliner Boheme werden die Kader des antiautoritären SDS«, schreibt Manfred Lauermann 1998, »die Struktur ist einem Vorbild nachgebildet, dem Surrealismus.« Aber Lauermann will, davon ausgehend, auf etwas anderes aufmerksam machen: Er nimmt Georg Simmels Überlegungen zum »Religioiden« auf, damit sind bei dem Philosophen die Schnittpunkte gemeint, »wo innerhalb der Wechselbeziehungen zwischen Menschen Fragmente des religiösen Wesens – sozusagen: der Religion, bevor sie Religion ist – entstehen«. Dafür waren nun allerdings die 68er mit ihrer in Kindheitserinnerung eingesponnenen und entrückten Kirchenzugehörigkeit prädestiniert. »Die Protestbewegung«, analysiert Lauermann, »muß sich ab 1967 als Einheit herstellen, welche dem heutigen Betrachter entweder terroristisch oder ridikül erscheint. Ob disziplinierter, organisierter Marsch durch die Institutionen (Kirche) oder romantische Selbstverwirklichung innerhalb eines Gegenmilieus (Mystik), ob als minoritär gewollte Basisarbeit (Sekte) oder gegen die Mehrheit gezielte Provokationstaktik direkter Aktionen (Mission)«, alles dies ließe sich mit Simmel erklären, der schon 1898 in seinem Aufsatz *Zur Soziologie der Religion* geschrieben hatte: Nur soweit »religioide« Elemente erzeugt worden seien, »können die Energien des einzelnen sich voll ausleben, ohne miteinander in Konkurrenz zu gerathen. (...) Obgleich das Ziel Allen gemeinsam ist, gewährt es doch Allen die Möglichkeit der Erreichung und hat nicht ein gegenseitiges Sich-Ausschließen, sondern im Gegenteil ein Sich-Aneinander-Anschließen zur Folge.« Und so resümiert Lauermann: »Ohne religioide Überdeterminierung ist eine Protestbewegung wie Achtundsechzig undenkbar, hätte sich ihr *kairos* nicht ereignet, der allzuschnell den Zwängen immanenter Veralltäglichung anheimfiel.«

Der Übergang von dem Sich-Aneinander-Anschließen zu einem rigiden Sich-Ausschließen, richtiger Ausgeschlossen-Werden, stellt in vielen Biographien der Aktivisten der Studentenbewegung ein schmerzhaftes Kapitel dar. Was lustig begann – »Unter den Talaren / der Muff von tausend Jahren« –, endete in endlosen Gruppensitzungen. Eine abweichende Meinung bis zur Schlußabstimmung durchzuhalten, bedeutete nach 1968 in aller Regel das Ende der Kommunikation mit den Gruppenmitgliedern, also denen, die zuvor das tägliche freundschaftliche Umfeld gebildet hatten. Der Generationszusammenhalt, der sich bis dahin auch in gemeinsamen Vergnügungen geäußert hatte – Kartenspiele, Fußball, Wirtshausbesuche –, zerfiel in der Praxis.

Von der Theorieseite und von den Gewohnheiten in Konfrontationen und Diskussionen her erwies sich der

Zusammenhalt als schwer auflösbar. Daß die Ziele allen gemeinsam gewesen waren, formte die meisten nicht nur weiterhin durch die Erinnerung, es wurde auch denen als Charakteristikum angehängt, die nur aufgrund ihres Geburtsjahres lebensweltlich zu dieser Generation gehörten, den plakatierten Zielen aber eher skeptisch oder gar ablehnend gegenübergestanden hatten. Tatsächlich waren ja auch fast alle fasziniert von einem an der Universität durch die Wissenschaften beeinflußten historischen Bewußtsein, das ein kritisches genannt werden durfte und das zur Kritik herausforderte. Um das verständlich zu machen, seien zwei Positionen von Gelehrten zitiert, die damals Zukunftswissenschaften vertraten.

Auf den »Universitätstagen« der Freien Universität (FU) Berlin 1962, die dem Thema »Wissenschaft und Verantwortung« gewidmet waren, sprachen vierzehn Fachvertreter, darunter der Wirtschaftswissenschaftler Konrad Littmann und der Soziologie Jürgen Habermas. Littmann war ganz erfüllt von der Leistungsfähigkeit seiner Wissenschaft. »Bei dem heutigen Stande der wirtschaftswissenschaftlichen Forschung«, verkündete er, »ist die Nationalökonomie in der Lage, rationale Vorschläge zu entwickeln, um Depressionen größeren Ausmaßes und damit die Massenarbeitslosigkeit ein für allemal zu verhindern.« Das war ein Machbarkeitsanspruch, der schon wenige Jahre später lachhaft erschien. Littmann hatte allerdings hinzugesetzt: »Die These von der Beherrschbarkeit der Konjunkturen bedarf freilich noch einer kleinen, jedoch nicht unwesentlichen Einschränkung: Die Wiederkehr einer großen Depression ist dann, aber auch nur dann auszuschließen, wenn sich die Regierungen vom

Sachverstand und nicht von Ideologien in ihren Handlungen leiten lassen.« Die Warnung vor Ideologien war einerseits nicht falsch, andererseits aber überbeansprucht, wenn sie zur Absicherung wissenschaftlicher Kompetenz dienen sollte. Solche Haltung sorgte in den kommenden Jahren für manchen Verdruß, wobei die Rollen – wer ideologisch und wer wissenschaftlich argumentierte – durchaus wechselten.

Immerhin war Ideologie für alle ein Schimpfwort, die Abhilfe dagegen hieß: Entlarvung. Wann immer von der Ungemütlichkeit die Rede ist, die im Umgang und in der Zusammenarbeit mit alten 68ern drohen kann, hat das mit Wissenwollen und Nachbohren zu tun, mit Unzufriedenheit über gegebene Erklärungen und der Bereitschaft, einen Tisch umzuschmeißen, wenn das, was auf den Tisch gehört, dort nicht erscheint. Viele, die dieser Generation angehören, geben nicht Ruhe, wenn sie meinen, es müsse etwas entlarvt werden. Sie sind mit ihren zivilen Desillusionierungen gebrannte Kinder. Deshalb sind sie – bei aller Liebe zum angenehmen Leben – Ruhestörer.

Jürgen Habermas beendete seinen Vortrag über die »kritischen und konservativen Aufgaben der Soziologie« mit einem Zurückweichen: »Wir haben das Konzept einer Naturgeschichte der Menschheit im Fortschreiten zum je Besseren, das der Soziologie einst Pate gestanden hat, aufgegeben. Die Erfahrungen unseres Jahrhunderts geben keinen Anhalt für die Überzeugung, daß die Zivilisierung der Menschheit die stärkste der Traditionen sei.« Stellt man die optimistische Einschätzung Littmanns neben die resignative Beobachtung von Habermas, wird man – zumal aus dem Abstand von vierzig Jahren – kaum umhinkommen, zuzugeben, daß der Soziologe realistischer war. Doch Habermas schloß mit den Worten: »Die eigentümliche Dialektik, die von Anbeginn darin begründet sein mag, daß die menschliche Natur mehr ist als Natur, entfaltet sich daher in weltgeschichtlicher Dimension: Angesichts der mit Händen zu greifenden Katastrophen, die sich immer deutlicher als die einzigen Alternativen zur Abschaffung des Krieges, zur Sicherung des Wohlstandes und, obwohl nicht ebenso deutlich, zur Erweiterung der persönlichen Freizügigkeit abzuzeichnen beginnen, scheint es so zu sein, daß gewisse utopische Entwürfe zum erzwungenen Minimum der Existenzfristung, daß das kostspieligste, großzügigste und zerbrechlichste Leben zur beinahe einzigen Form des Überlebens wird.«

Da hatte einer aus der Generation der großen Brüder, einer der wichtigsten Autoren der Suhrkamp-Kultur, noch bevor er zum Suhrkamp-Verlag stieß, der 68er Generation (die diesen Titel noch nicht verpaßt bekommen hatte) die Stichworte des Jahrzehnts geliefert. Das wichtigste darunter lautete: Utopie. Die 68er hören nicht auf, etwas von dem Glück wiederhaben zu wollen, von dem sie als Kinder etwas mitbekommen zu haben glauben. Das ist der Impuls, der sie für utopische Entwürfe empfänglich macht. Zugleich haben sie als Kinder früh die Bedeutung von Wohlstand und Freizügigkeit erfahren. Auch wenn Geld nicht zu den Kinderwünschen gehört – die 68er lernten früh, daß man Geld braucht, um sich Wünsche zu erfüllen. Sie sind mit der langen Karriere ihrer erfüllten Wünsche aber auch moralisch empfindlich geblieben, wie sie es als Kinder waren. Deshalb sind sie – bei aller Liebe zum angenehmen Leben – Ruhestörer.

Die Liebe zum angenehmen Leben signalisiert ihnen aber auch, wann es genug ist mit den Anstrengungen des Entlarvens und dem langen Marschieren auf den endlosen Ebenen zwischen den Verhältnissen, wie sie sind, und den Zielen, die utopischen Bildern nachgeahmt sind. Und wenn das geschieht, dann können 68er auch einfach die Lust verlieren und aufhören mit dem, was sie gerade tun. Das hatten sie als Kinder nie gedurft. Da war ein Wunsch nachzuholen.

Sechstes Kapitel

Leichter Weg und Langer Marsch

Am 27. Oktober 1969 erschien der *Spiegel* mit Willy Brandt auf der Titelseite. Der Emigrant von einst war soeben zum Bundeskanzler gewählt worden. An der Spitze der Bestsellerliste im selben Heft rangierte ein Roman von Günter Grass: *Örtlich betäubt*. In diesem Roman geht es unter anderem um den Plan eines Schülers, in Berlin auf dem Kurfürstendamm vor dem Café Kranzler seinen Dackel zu verbrennen. Er will mit der verstiegenden Aktion den Berlinern vor Augen führen, was das von den Amerikanern im Vietnamkrieg gegen die Bevölkerung eingesetzte Napalm anrichtet. Die Studentenbewegung war definitiv an ihrem Ende angelangt.

In der Titelgeschichte wurde Bundespräsident Gustav Heinemann mit den Worten zitiert: »Dies ist eine Zäsur in der Geschichte Deutschlands.« Und Brandt sagte: »Jetzt hat Hitler endgültig den Krieg verloren.« Was auch besagte: Nach allem anderen galt nun überall, daß der Krieg Hitlers Krieg gewesen war (unausgesprochen: nicht etwa der Krieg der Deutschen), und daß es gut war, daß der Krieg verloren wurde.

Günter Grass war Anfang der sechziger Jahre, als

Hans Werner Richter, der Chef der Gruppe 47, Schriftsteller zu dem Zweck versammelte, Brandt bei seiner Wahlkampagne zu helfen, gar nicht angesprochen worden. Der inzwischen weltberühmte Autor, der seine *Blechtrommel* in Paris geschrieben hatte, schien zu den biederen Realisten mit ihrer Nachkriegskameraderie schlecht zu passen. Indes, Grass hatte in Paris einige Polizeieinsätze bei Demonstrationen gegen den Algerienkrieg erlebt und daraus die Einsicht gewonnen, man müsse sich in einer Demokratie politisch engagieren, wenn man Übergriffe der Staatsgewalt verhindern wolle – aber als Deutscher in Deutschland. Die Sympathie für die Sozialdemokraten hatte er schon gleich nach dem Krieg als Jungarbeiter in einem niedersächsischen Kalibergwerk empfunden. Er war kein Mann der neuen Linken.

Die sozialliberale Koalition mußte Siegerdividenden verteilen. Noch bevor das Kabinett Brandt/Scheel die Arbeit aufnahm, hatte Vizekanzler und Außenminister Scheel durchgesetzt, daß die D-Mark nur um 8,5 Prozent statt, wie vom SPD-Wirtschaftsminister Schiller geplant, um zehn Prozent aufgewertet wurde. Der FDP war die Inflationsgefahr nicht so wichtig wie die Exportbedingungen der Industrie. Auch für den ungeduldigen Nachwuchs an den Universitäten sah es zunächst nicht gut aus. Wissenschaftsminister wurde der parteilose Präsident des Wissenschaftsrates Hans Leussink. Der Vorsitzende der Bundes-Assistenten-Konferenz kündigte vorsichtshalber schon einmal »das konzentrierte Mißtrauen aller Wissenschaftler unter 35 an«. Das waren exakt die 68er.

Ihre Sorgen erwiesen sich als überflüssig. Zwar stellte Leussink programmatisch Funktions- und Leistungsfähigkeit der Universitäten in den Mittelpunkt der anstehenden Aufgaben. Aber er hatte wenig Interesse an einer grundlegenden Änderung der Strukturen der Hochschulen. 1969 hatte noch die Große Koalition durch eine Grundgesetzänderung im Rahmen der Verfassungsreform der Bundesregierung neue Kompetenzen zugewiesen, was Bildung und Wissenschaft betraf. Dazu gehörten jetzt unter anderem die Rahmengesetzgebung über allgemeine Grundsätze des Hochschulwesens und – über sogenannte Bund-Länder-Gemeinschaftsaufgaben – Ausbau und Neubau von Hochschulen, Bildungsplanung, Förderung von Einrichtungen und Vorhaben der überregionalen Forschung sowie die Möglichkeit, den Ländern für besondere Projekte besondere Finanzhilfen zu gewähren. 1971 wurde das Bundesausbildungsförderungsgesetz (BAFöG) verabschiedet, ein Mittel gegen die wirtschaftlich bedingte Ungleichheit von Bildungschancen. Diese Maßnahme war ein Erfolg. Der Anteil der Arbeiterkinder an den Hochschulen verdoppelte sich zwischen 1967 und 1979 von sieben auf vierzehn Prozent. Schon auf den Berliner Universitätstagen 1962 war unter Hinweis auf gewichtige Gutachten angemahnt worden, die Bildungsreserven des Landes besser auszuschöpfen. Seit Mitte der sechziger Jahre war das Wort von der »Bildungskatastrophe«, die der Bundesrepublik drohe, eine wirksame Waffe im Streit um die Zukunft von Gymnasium, Gesamtschule und Universität.

1972 wurde durch eine Vereinbarung der Kultusministerkonferenz zur Neugestaltung der gymnasialen Oberstufe der Weg zum Abitur prinzipiell vereinfacht. Schüler konnten sich jetzt neben den Pflichtfächern für bevorzugte Wahlfächer entscheiden. Erreicht werden sollte damit eine bessere Studierfähigkeit. Die siebziger Jahre waren das bildungspolitische Jahrzehnt in der Nachkriegsgeschichte: Die besten Köpfe in den Parteien äußerten sich zur Bildungspolitik. Die meisten Bildungspolitiker waren sich darin einig, die Zahl der Abiturienten und Studenten zu erhöhen – koste es, was es wolle. Die Kosten waren keineswegs nur finanzieller Natur: Sie betrafen auch das Anspruchsniveau der Lehranstalten. Gerade was diesen Punkt anging, war man in sozialdemokratisch regierten Ländern von großer Unbedenklichkeit, in unionsregierten weniger. Die Folge: Konnten Schüler, die in den sechziger Jahren Schwierigkeiten an den Gymnasien in Nordrhein-Westfalen hatten, darauf hoffen, durch einen Wechsel nach Bayern ihre Lage günstiger zu gestalten, war es zwanzig Jahre später genau umgekehrt. Allerdings hatte auch kein Bundesland einen so großen Nachholbedarf bei Oberschulen und Universitäten wie Nordrhein-Westfalen. Auf der anderen Seite leistete sich Bayern ein Schulwesen, das dem Vorwurf ausgesetzt blieb, Begabungsreserven unausgelotet zu lassen.

Insgesamt wird man sagen müssen, daß die jähe Aufblähung des Bildungswesens in der Bundesrepublik in den siebziger Jahren – auf die keine Korrektur in den Achtzigern und Neunzigern folgte – der Leistungsfähigkeit der Schul- und Hochschulabsolventen nicht gut getan hat. Die Pisa-Studie von 2002 (der internationale Vergleich der Bildungsniveaus in den Ländern) bestätigte der Bundesrepublik Deutschland ein peinliches Versagen – mit glimpflichen Noten für Bayern. Ein solcher Niedergang macht sich nicht über Nacht bemerkbar. Und er ist auch nicht kurzfristig aufzuhalten oder umzukehren. Man kann aber diese Entwicklung nicht den 68ern anlasten, denn die waren Anfang der siebziger Jahre noch nicht soweit, um in der Politik solche Entscheidungen zu treffen, wie sie damals getroffen wurden.

Für die Generation von 1968, die um die Wende von den sechziger zu den siebziger Jahren ihr Studium beendet oder ihre wissenschaftliche Ausbildung abgeschlossen hatte, bedeuteten die bildungspolitischen Gewaltakte Glück und Unglück zugleich. Als Unglück mochten viele die Tatsache empfinden, daß im quantitativen Ausbau des Bildungswesens die emanzipatorischen Ziele vernachlässigt wurden, die man einst enthusiastisch formuliert hatte. Die Strukturen blieben die alten. Als Glück aber – und den früheren Glückserfahrungen ähnlich – durften sie registrieren, daß karrieremäßig alles zu ihren Gunsten lief. Plötzlich waren für alle Stellen da. Hatten die 68er an der Universität erleben müssen, daß ein Numerus clausus für Mediziner eingeführt wurde, weil es zu viele Ärzte gab, so erlebten sie nun, daß für die Absolventen der Massenfächer – also beim Lehramt – der Übergang vom Studentendasein in den Beruf unproblematisch war. Und: Laufbahn und Bezahlung waren fortan attraktiv wie nie zuvor.

Für die Bewahrung des Bildes, das die 68er von sich selbst hatten, war die Verteilung von Licht und Schatten gar nicht so ungünstig. Die berufliche Sicherheit erlaubte ihnen die Fortsetzung eines Lebens, das die schönen Plätze der Welt entdeckte, um dort altersgemäßen Utopien anzuhängen. Die ausgebliebene Emanzipation zu Hause und am Arbeitsplatz erlaubte ihnen die Kultivierung ihrer gutgeschulten Renitenz und ein um Bestätigung nie verlegenes Moralisieren gegenüber allem, was als schlechte Wirklichkeit auf Distanz gehalten werden konnte.

Auch die Gewerkschaften hatten Nachholbedarf. Im öffentlichen Dienst, wo jetzt, wenigstens auf Bundesebene, bei Tarifverhandlungen die eigenen Leute auf der gegenüberliegenden Seite des Verhandlungstisches saßen, kam es zu einer kräftigen Gehaltsaufbesserung. Und wenn es auch nicht das war, was in der ersten Legislaturperiode der sozialliberalen Koalition zum Rücktritt erst des Finanzministers Alex Möller, dann zum Rücktritt des sogenannten Superministers, des Finanz- und Wirtschaftsministers Karl Schiller, führte, so bestätigte das doch die seither in der Bevölkerung anscheinend unerschütterbare Überzeugung, daß die Sozialdemokraten mit Geld nicht umgehen können. Von solchem Verdikt wurden die 68er gleich mitbetroffen – und daß sie privat vorzüglich zurechtkamen, dabei aber immer ein zerfurchtes Gesicht ob des Elends anderswo zur Schau tragend, machte die Sache nicht besser.

Es wäre bei alledem durchaus möglich gewesen, daß die Brandt/Scheel-Regierung schon 1972 die vorgezogenen Wahlen zum Deutschen Bundestag verloren hätte. Daß dies nicht geschah, lag zum einen gewiß an der persönlichen Ausstrahlung Willy Brandts, zum anderen aber daran, daß eine *grande querelle*, eine große Streitfrage dieser Jahre, für viele Deutsche noch nicht in der Weise abgeschlossen war, wie sie es sich – inzwischen – wünschten. Die Ostpolitik hatte noch nicht die Ergebnisse gezeitigt, die nach dem Scheitern des – wenn er denn unternommen worden war – Rollback-Versuchs gegen die

Spaltung Deutschlands und Europas, mit anderen Worten: seit dem Scheitern der Politik der Stärke, angestrebt wurden. Die Menschen wollten reisen, die Industrie wollte Geschäfte machen. Dazu brauchte es Verträge mit den kommunistischen Staaten. Dazu brauchte es eine – wie auch immer klausulierte – Anerkennung der DDR. Das fertigzubringen, wurde von den Unionsparteien nicht erwartet. Nach den Bundestagswahlen konnte die SPD zum ersten Mal die stärkste Fraktion im Parlament stellen. 1973 stimmte der Deutsche Bundestag dem Grundlagenvertrag mit der DDR zu.

Damit war eine Revision deutscher Politik, wie sie die Bundesregierungen in Bonn seit 1949 formuliert hatten und wie sie den 68ern fragwürdig geworden war, mehr als zwölf Jahre nach dem Bau der Berliner Mauer vollzogen. Aber der »Marsch durch die Institutionen« – das Bild stammt aus der Geschichte Chinas: der »Lange Marsch«, der die Kommunisten Mao Tse-tungs an die Macht brachte – hatte erst begonnen. Und nicht alle gedachten sich daran zu beteiligen; einige freilich sollten am ehrgeizigen Ziel dieses Marsches ankommen.

Auch das gehört zu den Daten des Jahres 1968: In Frankfurt wurden Andreas Baader und Gudrun Ensslin wegen Kaufhausbrandstiftung festgenommen. Zu diesem Delikt war es nicht von ungefähr gekommen. In ihm verband sich das Provokative (Kaufhäuser als die Tempel des Konsums) mit dem Terror (etwas wirklich Durchschlagendes tun!) zu einer eskalierten Form des Aktionismus. Schon ein Jahr zuvor, 1967, hatten in Berlin Fritz Teufel und Rainer Langhans, wenige Tage, nachdem in Brüssel wirklich ein Warenhaus gebrannt hatte, in Flugblättern dazu aufgerufen, Kaufhäuser anzuzünden. Verfaßt hatte den Text der Kommunarde Dieter Kunzelmann. Als dann 1970 Andreas Baader, der eine Haftstrafe verbüßte, während eines Besuchs im Westberliner Zentralinstitut für soziale Fragen gewaltsam befreit wurde – ein Wachmann wurde angeschossen –, war aus dem, was wenige Jahre zuvor als Spiel hätte erscheinen mögen, blutiger Ernst geworden. Eine neue Strategie kündigte sich an, die bald schon mit dem Vorbild des Kampfes der südamerikanischen Stadtguerilla erläutert und gerechtfertigt werden sollte. Die deutschen Terroristen wollten deren Methoden in die Metropolen der kapitalistischen Gesellschaft tragen.

Die Zeit der APO war vorbei, nicht nur für die 68er aus der breiten Masse der Studentenbewegung, die mit der Wahl Willy Brandts zum Bundeskanzler einen halben Sieg errungen hatten (aber der Krieg in Vietnam ging immer noch weiter!). Diese Zeit war erst recht vorbei für jene, die alle Kampagnen der APO für gescheitert hielten. Immerhin traten in den Jahren von 1969 bis 1973 hunderttausend Personen unter 35 Jahren der SPD bei. Andere gingen andere Wege.

Diese Trennung bei dem, was beide Seiten in endlosen Gesprächen immer noch als Politik bezeichneten, war Anfang der siebziger Jahre eindeutig. Nicht so eindeutig war die Klärung der persönlichen Beziehungen vorzunehmen, die mitunter seit langem zwischen den sich zunehmend fremd werdenden Gesprächspartnern bestanden. Immer noch nannte man den anderen »Genosse« und billigte ihm von Herzen zu, das auch zu sein.

Fritz Teufel etwa – nie ein Terrorist – war eine Symbolfigur der APO als antiautoritärer Bewegung, seit er im Gerichtssaal, vom Vorsitzenden Richter aufgefordert, sich zur Befragung zu erheben, geantwortet hatte: »Wenn's denn der Wahrheitsfindung dient.« Wenig später brauchten sich Angeklagte bei ihrer Befragung nicht mehr von ihrem Platz zu erheben. Oder Ulrike Meinhof, die mit der RAF in den Untergrund ging: Das Bild von ihr blieb durch die Kolumnen bestimmt, die sie in der Zeitschrift *konkret* veröffentlicht hatte (hier hatte sie auch das von Teufel verteilte Flugblatt gepriesen). Oder Horst Mahler: Der Rechtsanwalt, Freund seines Kollegen Otto Schily, war einer der prominentesten Verteidiger angeklagter Studenten gewesen, als Wirtschaftsanwalt erfolgreich, einer der Köpfe der RAF – er driftete nach der Verbüßung einer langen Haftstrafe in den Rechtsextremismus ab und wurde der Anwalt der NPD in dem gegen sie angestrengten Verbotsverfahren in Karlsruhe.

Das Gegensätzliche bei den Gründungsfiguren der RAF, das es den Alt-68ern, wie es überraschend bald hieß, erlaubte, eine zwiespältige Haltung zu ihrem Personal einzunehmen, kam vorzüglich in den unterschiedlichen Biographien von zweien ihrer Hauptprotagonisten zum Ausdruck. Gudrun Ensslin, aus einem schwäbischen Pfarrhaus stammend, Stipendiatin der Studienstiftung des deutschen Volkes, für kurze Zeit verheiratet mit dem Sohn des Nazidichters Will Vesper, hatte noch 1965 in dem »Wahlkontor« mitgearbeitet, das Günter Grass für den Bundestagswahlkampf Brandts zusammengebracht hatte. Die Vergeblichkeit dieses zweiten Anlaufs Brandts mochte zu ihrer Fanatisierung beigetragen haben. Anderes war sicherlich wichtiger. Neben dem Vietnamkrieg und den von Fidel Castros Freund Ernesto Che Guevara – wie Walter Benjamin eine Ikone der Studentenbewegung – in Afrika und Südamerika begonnenen Guerillakriegen wurden die Palästinenser, die sich im Krieg mit Israel sahen, für die deutschen Terroristen immer wichtiger, auch als Bündnispartner: bei der Ausbildung im Nahen Osten und bei einzelnen Aktionen.

Dazu Andreas Baader: Vaterlos aufgewachsen, von Frauen erzogen, ein Mann, der es liebte, Frauen zu imponieren – gern auch durch zur Schau gestellte Brutalität –, aber bei Männern wenig Respekt fand. Kein gebildeter, aber ein gewitzter Kerl, der schnell die Gelegenheit erkannte und nutzte, einen Punkt zu machen. Einer, der sich durchsetzte, wo andere nur diskutierten. Einer, der aus intellektueller Schwäche heraus mißtrauisch war und sein Mißtrauen durch Verachtung von Intellektuellen überspielte.

Die RAF war nicht die einzige Terroristengruppe; die Bewegung 2. Juni in Berlin war zeitweilig sogar erfolgreicher, was die Akzeptanz ihrer Unternehmungen im linksradikalen Milieu anbetraf. Darauf kam es den Terroristen immer wesentlich an, weshalb ihre Bekennerschreiben aufwendig elaborierte Texte waren. Wenn man so will: eine alte Gewohnheit, eine Fortsetzung der Theoriearbeit aus den Jahren der Studentenbewegung. Sie wußten, warum.

Die 68er Generation als ein Publikum, das sich beteiligt fühlen wollte, verfolgte den Weg der Terroristen, ihre Haftzeit und die Prozesse mit ungewöhnlichem Engagement. Und wieder gelang es ihnen, einen nicht unwesentlichen Teil der Gesellschaft dabei mitzureißen.

Die Publizität von allem, was da vorging, war außerordentlich. Etwa die Hungerstreiks der Gefangenen zur Verbesserung ihrer Haftbedingungen – von Baader aus der Zelle heraus zynisch gesteuert. Der frühere Filmschüler Holger Meins verlor dabei sein Leben, bei seiner Beerdigung rief Dutschke am offenen Grab: Holger, der Kampf geht weiter! Das alles schien den Staat in Mißkredit zu bringen. Die Prozesse wurden mit Argusaugen verfolgt. Prominenz meldete sich zu Wort und wurde gefeiert. Sartre besuchte Baader in Stammheim, Cohn-Bendit dolmetschte.

Nicht, daß für die Terroristen oder gar die Strategie des Terrorismus Partei ergriffen wurde. Aber viele sahen und nutzten die Chance, das alte Spiel vom Generalverdacht gegen den Staat der Väter zu wiederholen. Und nicht wenigen erschien die Sache romantisch genug, um sich ihr verbal wenigstens soweit anzuschließen, daß wiederum eine abenteuerliche Laune sich ausleben konnte. Als Generalbundesanwalt Siegfried Buback ermordet wurde und ein Göttinger Student als »Mescalero« getarnt seine »klammheimliche Freude« über den Tod des Anti-Terror-Ermittlers im rüden Jargon der Protestbewegung der siebziger Jahre zu Papier brachte, waren viele 68er erschrocken und gerührt zugleich. So hätten sie es nicht gesagt. Aber das Spiel – und das erfüllte sie mit Genugtuung – ging weiter.

Sie waren nun selbst Ärzte und Studienräte, Juristen und Kaufleute, sie machten zweimal im Jahr Urlaub, erzogen ihre Kinder, so gut sie konnten, und steuerten auch politische Karrieren an. Es wurde ihnen leichtgemacht. Es ging ihnen gut. Früher hätten sie gesagt, sie seien etabliert und partizipierten an dem, was die extreme Linke »Schweinesystem« nannte. Zu dieser Partizipation gab es keine Alternative – und wurde auch nicht mehr ersehnt –, aber es gab den Wunsch nach emotionalem Ausgleich. Und der wurde erfüllt durch das Engagement in Empathie und Kritik. Man trat moralisch gegen den Staat auf, von dessen Politik man lebte. Man trat politisch gegen die Terroristen und ihre allzu einverständigen Sympathisanten auf, in deren Moral man Reste der eigenen von ehedem erkannte.

Nicht bereit, nach der Wahl Willy Brandts 1969 den Weg der Anpassung zu gehen, waren auch jene, die sich den einen oder anderen Formationen angeschlossen hatten, die das gut kostümierende Wort »kommunistisch« in ihren Namen genommen hatten. Auch 1968, im September, war die Deutsche Kommunistische Partei, die DKP, gegründet worden. Das waren die Kommunisten, die sich der DDR verpflichtet fühlten und auch von ihr unterstützt wurden. Für die APO bedeutete dies erstens, daß die vordem breit gestreuten Gelder aus Ostberlin weniger wurden, und zweitens, daß die Genossen, die einst eher unauffällig in ihren Reihen agitiert hatten, sich nun überaus erkennbar machten. Doch ihre Wirkung in den Gremien und Arbeitskreisen wurde noch unauffälliger, solange es nicht ihre eigenen waren. Andere – zum Verdruß der DKP – neu gegründete kommunistische Parteien orientierten sich mehr an China oder an der deutschen Vergangenheit. Diese Gruppierungen, die es für einige Zeit verstanden, ihre Auftritte dramatisch zu inszenieren, waren es insonderheit, die erreichten, daß der Sammelbegriff K-Gruppen zum festen Bestand der politischen Debatten der siebziger Jahre wurde. Die Biographien von 68ern, die sich diesen K-Gruppen anschlossen, gehören – bis auf wenige, aber höchst beachtliche Ausnahmen – nicht zu den Erfolgsgeschichten der 68er Generation.

Von vier anfänglich in Stuttgart-Stammheim verteidigenden Rechtsanwälten – nicht unbedingt 68er – wurden später zwei Minister: Otto Schily Bundesinnenminister, Rupert von Plottnitz hessischer Justizminister. Die Vizepräsidentin des Deutschen Bundestages Antje Vollmer und Bundesumweltminister Trittin hatten ihren Marsch durch die Institutionen von den K-Gruppen aus begonnen.

Am 6. Mai 1974 trat Willy Brandt als Bundeskanzler zurück. Er tat dies als Konsequenz aus einer Geheimdienstaffäre. Der DDR war es gelungen, einen ihrer Spione, Günter Guillaume, im Kanzleramt zu plazieren, wo er als persönlicher Referent tätig war. Das, worüber die 68er stets ironisch gewitzelt hatten – »Alles von Ostberlin unterwandert!« –, war ausgerechnet dem Politiker aus der Generation der Väter zum Verhängnis geworden, dem sie noch am ehesten vertrauten. Manches spricht dafür, daß Brandt wegen Guillaume nicht hätte zurücktreten müssen; für die Personalpolitik des Kanzleramts war er nicht direkt verantwortlich. Aber es stand zu fürchten, daß aus dem Privatleben des mal lebensfrohen, mal melancholischen Sechzigjährigen Details bekannt wurden, die man in der immer noch als prüde eingeschätzten Öffentlichkeit ungern erörtert gesehen hätte. Brandt, der 1971 wegen seiner Ostpolitik mit dem Friedensnobelpreis ausgezeichnet worden war, beschlich das

Gefühl, nicht allen an der Spitze der SPD ihre Loyalitätsschwüre glauben zu können, und er gab auf. Er blieb SPD-Vorsitzender, und sein Nachfolger als Kanzler wurde Helmut Schmidt.

Helmut Schmidt war einer derjenigen aus der Väter-Generation, die noch ohne erkennbaren Widerwillen die Offiziersuniform der auf Hitler vereidigten Wehrmacht angezogen hatten. Wie Rainer Barzel von der CDU und Franz Josef Strauß von der CSU war er bei Kriegsende Oberleutnant gewesen. Von diesen dreien war er bei weitem der schneidigste – und er legte Wert darauf, auch so zu erscheinen. Für die 68er waren Schmidt und sein Politikstil der Inbegriff dessen, was sie an dem Auftreten der Generation ihrer Väter verabscheuten, seit diese ungebremst zur Macht drängte. Barzel hatte das als erster getan und war unter Hohngelächter gescheitert. Strauß trat 1980 als Kanzlerkandidat gegen Schmidt an und verlor kläglich – nicht weil die SPD mit Kanzler Schmidt so glänzend abgeschnitten hätte, sondern weil die FDP ein ungewöhnlich gutes Ergebnis einfuhr. Zu den »Sekundärtugenden« Helmut Schmidts wie »Pflichtgefühl, Berechenbarkeit, Machbarkeit, Standhaftigkeit« sagte Oskar Lafontaine, der fulminanteste Nachwuchspolitiker unter den 68ern: »Damit kann man auch ein KZ betreiben.«

Dieser Satz ist nicht weit entfernt von der Bemerkung, die Kohls Arbeitsminister Norbert Blüm, einer aus der 68er Generation, der sich – zweiter Bildungsweg, Gewerkschaftsmitglied – der CDU angeschlossen hatte, über den Kampfesstolz der alten Wehrmachtsoffiziere in seiner Partei machte: »Die KZs standen auch nur so lange, wie die Front hielt.« Blüm mußte sich dafür bei Alfred

Dregger, Ende des Krieges Major und in der Zeit Kanzler Kohls Fraktionsvorsitzender im Deutschen Bundestag, entschuldigen.

Tatsächlich gelang es Schmidt, an dem entschiedenen Mißfallen der 68er vorbei in den Augen der westdeutschen Bevölkerung als Bundeskanzler zu hohem Ansehen aufzusteigen. Er schien der Regierungschef *par excellence* zu sein. Man rühmte seine Effizienz und Schnörkellosigkeit und sparte nicht mit fröhlicher Zustimmung, wenn er bei Gelegenheit Visionen in der Politik als Krankheitssymptome verspottete. In zwei wichtigen Fragen der aktuellen Politik (Nutzung der Atomenergie und Nachrüstung mit Raketen) entwickelte sich eine unüberwindliche Frontstellung zwischen dem, was Schmidt für richtig hielt und energisch – auch klug – betrieb, und dem, was sich bei den 68ern, gerade in der SPD, formierte. In der Folge sollte sich ein Teil der sozialdemokratischen Anhängerschaft von der SPD trennen und sich mit Umweltschützern und anderen bei den Grünen zu einer lebenskräftigen Partei vereinen.

Es ist erwogen worden, ob Schmidt besser daran getan hätte, nach dem Rücktritt Brandts auch den Parteivorsitz zu übernehmen. Hätte er als SPD-Vorsitzender die Abspaltungen von der Partei verhindern können oder hätte er sie im Gegenteil noch beschleunigt? Die Antwort auf diese Frage hängt davon ab, welches Gewicht man den 68ern Ende der siebziger, Anfang der achtziger Jahre zumißt. Sie beherrschten die SPD nicht, gewiß nicht. Aber sie konnten schon über Erfolg und Mißerfolg der Sozialdemokraten aus den Parteigliederungen heraus mitentscheiden. Einfach ausschalten konnte man die nach vorn drängenden Leute nicht mehr, dafür waren sie zu sehr Repräsentanten einer ganzen Generation geworden – einer Generation, deren Akademiker der CDU weggelaufen waren. Schmidt konnte diese Generation weder fortjagen, noch konnte er sie durch Umarmung für sich gewinnen. Brandt, indem er Parteivorsitzender blieb, mag da noch gerettet haben, was zu retten war.

Es gab keine APO mehr, aber es gab eine Fundamentalopposition außerhalb der Parlamente. Die fand sich im sogenannten Häuserkampf zusammen und im Kampf gegen die friedliche Nutzung der Kernenergie. Hier wie dort gelang der Protestbewegung, wie sie bald hieß, etwas, das den Studenten in den sechziger Jahren mißlungen war. Mit einfachen, erkennbaren und weithin zustimmungsfähigen Zielen erreichten sie es, daß trotz bisweilen heftiger und gewalttätiger Aktionen zählbare Teile der ihr ferner stehenden Bevölkerung ihr Engagement begrüßten. Der Protest war aus dem universitären Milieu ausgebrochen. Kultivierte Bürger erkannten, daß die Rettung schöner alter Bausubstanz in den historisch gewachsenen Vierteln der großen Städte vernünftig war und daß es zu Verschandelung und Verödung der Innenstädte führte, wenn man Spekulanten jede Abrißgenehmigung erteilte, um den Bau neuer Bürokomplexe zu ermöglichen. Das änderte nichts daran, daß Hausbesetzung Rechtsbruch blieb, aber man konnte die Baupolitik ändern, so daß Rechtsbrüche solcher Art nicht mehr vorkamen. Dieser Erfolg der Hausbesetzer war letztlich wichtiger als ihre Niederlage bei dem Kampf um selbstbestimmtes Wohnen in den instandbesetzten Häusern.

Bei der Umweltpolitik waren es Leute aus dem rechten Spektrum der Bundesrepublik, die den Kern einer neuen Sammlungsbewegung bildeten, der sich auch bald 68er anschlossen – die keinen Zweifel daran hatten, daß absehbar sie die generelle Tendenz der Veranstaltung bestimmen würden. Den ersten Bestseller zur Umweltpolitik, »Ein Planet wird geplündert«, hatte Herbert Gruhl geschrieben, ein CDU-Bundestagsabgeordneter, der aber bei den Seinen nicht zum Zuge kam. Eine der frühesten Symbolfiguren der neuen Partei, die »Grünen« genannt, war ein Mann namens Baldur Springmann, bunt und selbstgestrickt gekleidet, und mehr an Volkstänze als an Vollversammlungen gewöhnt. Aber aus dieser Mischung – junge Protestler, 68er Kämpen und ländliche Brauchtumsreste – setzte sich bald von Wyhl am Kaiserstuhl bis Brokdorf an der Elbe die Anti-Atom-Bewegung zusammen, vor der schließlich erst die Industrie – Wackersdorf in Bayern, Kalkar am Niederrhein –, dann die Politik resignieren sollte.

Niemand verkörpert den Übergang von der APO zur Protestbewegung und zu den Grünen spektakulärer als der Frankfurter Studentenführer Daniel Cohn-Bendit, der, Deutscher und Franzose zugleich, als Dany le Rouge, wegen seiner roten Haare und seiner temperamentvoll vorgetragenen Tiraden, im französischen Mai '68 eine Rolle gespielt hatte. Doch es war sein lernbegieriger Freund Joschka Fischer, der nach einer zähen Hospitanz in der Studentenbewegung, nach wilden Jahren als Straßenkämpfer in der Hausbesetzerszene, bei den Grünen die Partei fand, die er machtbewußt und zielstrebig zu der seinen umformte. Ein Schritt über die 68er hinaus.

Aber noch nicht ganz abgeschlossen. Die dritte der

großen Bewegungen, aus denen die Partei der Grünen zusammenwuchs, war die Friedensbewegung. Zu den apokalyptischen Schreckensbildern, die in den siebziger Jahren die 68er umtrieben – und nicht nur sie –, gehörte auch das vom großen Atomkrieg, der, eine Folge des Wettrüstens, schier unaufhaltbar kommen werde. Die Friedensbewegung war neben der Ökologiebewegung deshalb von so großer Bedeutung, weil durch sie wieder ein gewisser Anschluß an die Kirchen gefunden wurde, diesmal zunächst mehr an die protestantischen Geistlichen. Es war kein geringerer als der Physiker und Philosoph Carl Friedrich von Weizsäcker, der drastisch die Größe der Gefahr beschrieb, als er sagte, wenn es gelänge, in den kommenden zehn, zwanzig Jahren einen Atomkrieg zu vermeiden, wäre das eine der größten Leistungen der Geschichte.

Die Gefahr, die der Welt drohte, erkannte die Friedensbewegung aktuell in der Rüstungspolitik der Supermächte USA und Sowjetunion – wobei sie – Äquidistanz! – keinen Unterschied machte, wer verwerflicher handele. Dann aber kam es gegen Ende der Kanzlerschaft Helmut Schmidts zur Nachrüstungsdebatte. Hier sorgte die Friedensbewegung für Demonstrationen mit einer zahlenmäßig gewaltigen Beteiligung, wie sie die Bundesrepublik bis dahin nicht gekannt hatte. Die 68er aber, die sich auf dem langen Marsch durch die Institutionen befanden und vor allem in der SPD schon ziemlich weit vorangekommen waren, sahen ihre Chance, sich populär und gegen Bundeskanzler Schmidt zu profilieren. Pazifisten waren sie nie gewesen und wurden sie auch jetzt nicht.

In der Sache ging es darum, daß die Sowjetunion veraltete Atomraketen durch neue ersetzt hatte, mit denen sie – im Unterschied zu den ausgemusterten – von russischem Boden aus Mittel- und Westeuropa erreichen konnte. Moskau war damit in der Lage, die europäischen Verbündeten der USA mit Waffen anzugreifen, die nicht Amerika bedrohten, weil Amerika zu weit weg war. Die Europäer in der Nato waren jetzt von Rußland aus schnell und ohne die vorgelagerten Territorien der Verbündeten des Warschauer Paktes in Anspruch zu nehmen, zu treffen. Nach der seit der Kuba-Krise – Kennedy hatte durch eine Blockade der Insel Moskau gezwungen, Atomraketen aus Kuba wieder abzuziehen – bewährten Logik der Abschreckungsstrategie hätte also, wenn die europäischen Nato-Partner der USA mit den neu stationierten Mittelstreckenraketen angegriffen worden wären, Washington keine Möglichkeit gehabt, auf der gleichen Ebene zu antworten, da Langstreckenraketen eine neue Stufe der Eskalation bedeutet hätten, die unbedingt zu vermeiden war, wollte man nicht von einem begrenzten – europäischen – Krieg zu einem unbegrenzten Weltkrieg kommen.

Helmut Schmidt erkannte, daß durch die Stationierung der neuen sowjetischen Mittelstreckenraketen die Gefahr einer Abkoppelung der Sicherheitsinteressen der USA von denen ihrer europäischen Partner gegeben war und drängte darauf, daß die Nato in Europa ebenfalls neue Mittelstreckenraketen stationiere, mit denen vom Rhein aus Moskau zu erreichen wäre. Die Gefahr erkannt zu haben und im Westen die Entschlossenheit zu einer weiteren Runde der Raketenstationierung zustande gebracht zu haben, war sicherlich Schmidts größte Leistung als Kanzler und weist ihn als einen der wenigen Staatsmänner aus, die Deutschlands politische Elite hervorgebracht hat. Er selbst sollte das allerdings nicht zu Ende bringen. Das war nach seinem Sturz seinem Nachfolger Helmut Kohl vorbehalten.

Der Streit um die Raketenstationierung war hart. Er mobilisierte nicht nur jene, die sich schon von den Sozialdemokraten getrennt hatten, er spaltete auch noch einmal die SPD. Oskar Lafontaine solidarisierte sich an vorderster Front mit den Gegnern der Politik des Kanzlers. Die 68er waren keineswegs die prominentesten Wortführer in diesem Streit, aber sie bildeten jetzt schon allenthalben die Riege derer, auf die es demnächst ankommen würde. Nicht nur auf einige der Älteren in der SPD konnte sich Schmidt kaum noch verlassen, auch die Jüngeren verweigerten sich seinen Zielen. Hinzu kam, daß die selbstbewußte FDP von ihrem Koalitionspartner mit zunehmendem Drängen Reformen in der Wirtschafts- und Sozialpolitik verlangte. Das wurde vom linken Flügel der SPD und von den klassischen Arbeitnehmern in der Partei – was, seit die 68er angetreten waren, nicht mehr dasselbe war – heftig abgelehnt. Schmidts Position in der SPD war aus mehreren Gründen und nach mehreren Seiten hin prekär geworden. In dieser Situation entschloß sich die FDP zu dem Koalitionswechsel, auf den Kohl immer hingearbeitet hatte. Schmidt wurde durch konstruktives Mißtrauensvotum gestürzt. Kohl war der neue Kanzler einer christlich-liberalen Koalition.

Jene der 68er, die sich gegen Ende der sechziger Jahre

den Liberalen angeschlossen hatten, um in der kleinen Partei eine Mehrheit gegen die Dauerpartnerschaft mit der Union zustande zu bringen – was 1969 gelungen war –, verließen nun die FDP. Wie es zum Schluß um Helmut Schmidt in der SPD gestanden hatte, das wird durch nichts klarer als durch die Tatsache, daß ein Jahr nach seinem Sturz, im November 1983, von den Delegierten des Kölner Parteitags nur noch 14 Stimmen für die Politik der Nachrüstung abgegeben wurden.

Die vierte Gruppe, die zum Aufstieg der Grünen beitrug, das Gesicht dieser Partei mitprägte und das überwinden half, was steril geworden war bei den 68ern, kam aus der Frauenbewegung. Diese freilich ist mit dem Blick auf Generationen am wenigsten zu verstehen.

Schmidt war der letzte Kanzler aus der Generation der Väter. Brandt, der Emigrant, war durch sein Schicksal und sein internationales Ansehen aus dieser Generation gleichsam herausgehoben worden. Die 68er, die sich nun darauf vorbereiteten, um die Führungspositionen in der SPD zu kämpfen, wurden die Enkel Willy Brandts genannt, was einmal als Kompliment für beide gedacht gewesen war. Von Enkelinnen war nie die Rede. Daß die damit aufgestellte Behauptung einer politischen Verwandtschaft der 68er mit dem Friedensnobelpreisträger ein Irrtum war, sollte im November 1989, in der wichtigsten Stunde der deutschen Geschichte nach 1945, zutage kommen. Und ein ganzes Volk war Zeuge.

Siebentes Kapitel

Die Enkel müssen warten lernen

Westberlin, das sich gern als Schaufenster des freien Westens im kommunistischen Osten verstand, hatte als ehemalige deutsche Metropole wahrhaftig viele Theater, in beiden Teilen der Stadt. Anfang der siebziger Jahre indes kam noch eines hinzu, das rasch sein angesehenstes wurde und – ohne das direkt zu wollen – dem Berliner Ensemble, das Bertolt Brecht nach den Regeln seiner Dramaturgie geformt hatte, den Rang ablief.

Dieses neue Theater, die Schaubühne am Halleschen Ufer – später, nach dem Umzug an den Kurfürstendamm, nur noch Schaubühne – hatte seine Geburtsstunde in Bremen erlebt. Die ersten Stars des neuen Ensembles, Peter Stein, Bruno Ganz, Jutta Lampe, Edith Clever, waren mit einer Inszenierung von Goethes *Torquato Tasso* 1969 dorthin vorgestoßen, wo eine Verschmelzung der politischen Ideen von 1968 mit der Praxis des Theaters möglich zu sein schien. Das wurde bei der Premiere in Bremen begeistert vermerkt, bei einer Wiederholungsaufführung in Frankfurt heftig bezweifelt. Was wurde gezeigt?

Die sorgfältigste – und zugleich emphatischste – Analyse beider Aufführungen hat Ivan Nagel geliefert. Sein

Essay, der in der Zeitschrift *Theater heute* erschien, beginnt mit dem verwirrenden Satz: »Ich habe Peter Steins *Torquato Tasso*-Inszenierung in zwei Aufführungen gesehen, nicht beide Male in der gleichen.« Der Unterschied der beiden Aufführungen kann exemplarisch genommen werden für das, was die 68er, wenn sie von Lernen, Aufklärung, Emanzipation sprachen, idealerweise wollten und was in der nachrückenden Praxis daraus wurde. Am Premierenabend, schreibt Nagel, »sah man erstaunt, wie das Spiel des Stückes sich zur Kritik am Stück steigerte, wie die Kritik am Stück sich zur Parodie zuspitzte. Die Parodie aber wurde mit einer so hermetischen Ton- und Gestensprache abgedichtet (und einer so kalt-unerschütterlichen Weigerung, sich belachen zu lassen), daß ihre Trouvaillen wieder den autonomen Spielcharakter von Erlesenheit annahmen und in die Verkörperung des Goetheschen Textes, sie verwandelnd, durchsichtig machend, eingingen. Die Darstellung schloß sich, die erhellende Reflexion kreiste in ihrem Innern.«

Was hatte Stein getan? Er hatte – es ist am besten, sich den Worten Nagels anzuvertrauen – die »Schleier, die dem Schauspiel *Torquato Tasso* seine eigene sprachliche Vollendung überwirft (alles Konkrete einhüllend und gleichmachend) … mit schonungsloser Behutsamkeit geteilt«. Zum Beispiel: »Die Tasso-Sprache aus Sentenzen ist für den Fürsten … ein Mittel, zu verschleiern, daß das letzte Wort unter allen Umständen ihm, dem Souverän, gehört.« Wie hatte Stein das getan? Nagel beobachtet, daß der Regisseur seinen »genialen Kunstgriff« an der Sprache ansetzt: den »Kunstgriff, Goethes Form kritisch in Inhalt zu wenden«. Was kommt dabei heraus? Die Bremer Inszenierung »läßt die politische, stabilisierend-konservative Tendenz dieser Darstellungsart durchschauen: die Zufälligkeiten einer historisch bedingten Herrschaftsordnung werden zum Bleibenden, Normativen stilisiert. Goethe verschwendete seine Utopie (denn das sind ›Iphigenie‹ und ›Tasso‹) an die Verewigung jambisch geläuterter Weimarer Hofgespräche, die er zum Bild einer vollkommenen Sozietät erhob.« Dagegen muß gesellschaftspolitische Kritik deutlich werden: »Andere, vom Spiel der Bühne Ausgeschlossene, nehmen ihnen (was Goethe zu sagen vergißt) die Verrichtung von Arbeit und Gewalt ab.«

Und folglich die Kritik am Schauspiel: »Der Preis, den Goethe dafür bezahlen mußte, die Welt seiner Figuren von ihrer sozialen Bedingtheit abzulösen, zu zeitloser Utopie des Wesenhaften zu läutern, ist die sentenziöse Erstarrung der Sprache.« Wie Stein die »von Goethe verschwiegenen gesellschaftlich-historischen Bedingungen« aufgezeigt hat, ist Theatergeschichte, seither oft und zumeist unbegabt kopiert. Der Anschaulichkeit halber sei nur eines der von Nagel untersuchten Beispiele zitiert: Edith Clevers Leonore unterschiebe »der Begründung für ihre baldige, familiär bedingte Abreise nach Florenz genau den Alltagston, in dem man solche Begründungen sonst spricht. Ihre Zeilen: ›Ich bring ihm seinen Sohn, der dieses Jahr / So schnell gewachsen, schnell sich ausgebildet‹, bekommen den Ausdruck albern gluckenhaften Mutterstolzes, der genau zur Figur und Situation paßt (und hier dennoch als grotesk-blasphemischer Schock wirkt).« Stein »spürt in Goethes Schauspiel selbst die Inhalte auf, die sich (dank Goethes Ehrlichkeit und

Größe) dem formalen Schema der Sublimierung und Harmonisierung nicht unterworfen haben«.

Ivan Nagel folgerte aus seiner Analyse zwei Einsichten: »1. Nur der Wille zur kritischen Bedeutung wird fähig sein, die Materialien der Kunst zur höchsten, geschlossensten Aussagekraft zu organisieren – für dumme Kunst ist kein Platz mehr. 2. Dieser Wille wird dazu tendieren, die künstlerische Geschlossenheit des von ihm empfindlich Organisierten zu zerstören, um zur direkten, feststellbaren Wirkung zu drängen.«

Es war auch deshalb zweckmäßig, Nagel so ausführlich zu zitieren, weil sein Vokabular von Worten strotzt, aus denen sich der schon früh berüchtigte Jargon der 68er mit seinen politisch aufdringlichen Forderungen zusammensetzt. Da wird verschleiert und durchschaut, verschwiegen und kritisch gewendet. An anderer Stelle ist von Entlarvung die Rede und von dem schauspielerischen Bewußtsein, von Utopie und Sublimierung. Nagel ist schon aufgrund seines Alters kein 68er, die Stars in Steins Truppe waren es ebensowenig. Aber die intellektuelle Verarbeitungsleistung der 68er – Literatur der verschollenen Großväter und neue Theorieangebote der großen Brüder – war schon dabei, die öffentlichen und privaten Gesprächsebenen zu verändern. Was vordem nur einzelne interessiert hatte, interessierte nun viele – mit welcher Intensität und Verarbeitungsbegabung sei dahingestellt. Will man in Anlehnung an Friedrich Schlegel von der Tendenz des Jahrzehnts (statt eines ganzen Zeitalters) sprechen, so darf man sagen, daß die Neugier, die Rezeptionshaltung und der Veränderungswille der 68er die Haupttendenz der sechziger Jahre bilden und bald auch

Ältere – ungeachtet anderer prägender Lebenserfahrungen – in ihren Bann ziehen, manche für immer, manche nur vorübergehend. Zur Kraft dieser Tendenzen gehört auch der Jargon.

Diese Kunst, die nicht mehr dumm sein wollte, war ein zartes Pflänzchen. Schon zwei Monate nach der Bremer Premiere sah Nagel den Bremer *Tasso* in Frankfurt wieder. »Der empfindliche Kreislauf zwischen Spiel, Kritik und Parodie«, schreibt er jetzt, war »unterbrochen. Manche Geste leistete ihrer Entlarvung so viel Vorschub, daß sie ihr Eigengewicht verlor. Die Entlarvung selbst, ihrer widerstrebenden Substanz beraubt, war so leicht gemacht, daß sie sich zu fertigen Resultaten überspringen ließ. Text und Parodie wurden gleichsam kurzgeschlossen, was Minute für Minute besserwisserisches Lachen im Parkett veranlaßte. Der Star der Aufführung schien nicht mehr der unglückselige Dichter Tasso – dessen Kleinheit nur als verhinderte Größe glaubwürdig wird –, sondern der zufriedene Zuschauer, der sich größer und zufriedener als alle Figuren vorkommen durfte.« Das ist vorzüglich gesehen – vor allem aber ist es, auf den Abstand von zwei Monaten zusammengezogen, die Geschichte der 68er Bewegung in den sechziger Jahren selbst!

In Frankfurt hatte die Aufführung nicht nur ihren Rang verloren, sie schien auch ihre Ziele nicht mehr wahrnehmbar werden zu lassen. Peter Handke notierte genervt das Aufeinanderfolgen von Gesten auf der Bühne und Lachen im Parkett. Der Münchner Theaterkritiker Joachim Kaiser, ein Schüler Adornos aus der Generation der großen Brüder, beobachtete: »Ich kenne nicht die Aufführung, wie sie in Bremen so kritikbeifallumrauscht über die Bühne ging, sondern nur das Frankfurter Gastspiel. Dieses Gastspiel fand vor einem Publikum statt, das durch die Frankfurter Experimenta-Veranstaltungen ganz offensichtlich in eine Anti-Position gegenüber allem traditionellen Theater schlechthin, in eine kindische Abwehrhaltung gegenüber allen mit der ständischen Ordnung verbundenen Begriffen in eine Lust am Verlachen gedrängt worden war. Jedesmal, wenn das Wort Staat oder Fürst fiel – und in einem Stück, das von einem Staatsmann und einem Fürsten beherrscht wird, fallen solche Worte unvermeidlich –, jauchzte man vor Überlegenheit.«

War also das Publikum, durch die Experimenta falsch eingestimmt, schuld an dem Desaster? Kaiser meint das nicht. »Steins Kritik an den ›Tasso‹-Figuren«, schreibt er, »präsentierte sich als Parodie. Parodie aber wird langweilig. Martin Walser ging in der Pause.« Und was er dann hinzusetzt, sind Bemerkungen, die im Kern bis heute dem argumentativen Gestus der 68er in politischen und geschichtsinteressierten Diskussionen entgegengehalten werden: »Steins schwerer, meiner Ansicht nach alles entscheidender Fehler war, daß er die Goetheschen Figuren in ihrer Begrenztheit, ihrem Denkstil und ihrer höfischen Abhängigkeit nicht kenntlich zu machen wußte dadurch, daß er sie alle in eine spezifisch historische Situation fixierte, daß er sie durchaus in ihr subjektives Recht (welches ja objektives Unrecht sein kann) setzte.« An welchem Ort des hitzigen Gesprächs zwischen den Generationen der Väter und Söhne in den sechziger Jahren wäre dieser Vorwurf gegen die Söhne nicht gefallen?! Kaiser begründet seine grundsätzliche Ablehnung mit der Feststellung, Stein mache »die hier einmal zu unterstellende Überlegenheit unseres aufgeklärten Jahrhunderts und eines gegenüber traditionellen Selbstverständlichkeiten nervösen Regisseurs dadurch klar, daß er die ›Tasso‹-Crew in eine Mischung aus Dummköpfen und Spinnern verwandelte.«

»Aber« – und dieser Satz Kaisers im Jahresheft 1969 der Zeitschrift *Theater heute* konnte längst weit über die Welt des Theaters hinaus als aktuelle Frage oder Mahnung verstanden werden – »wo gerät Aufklärungsfreude hin, wenn sie in Denunziation umschlägt?«

Denunziation wurde in den siebziger Jahren zu einem Schlüsselbegriff der 68er und für die 68er, wie es Entlarvung für die sechziger Jahre gewesen war. Folgte die Praxis der Entlarvung dem Erlebnis der Desillusionierung, so war die Denunziation das Mittel, die Ergebnisse von Entlarvung – und Selbstentlarvung – für die politischen Kämpfe nutzbar zu machen. Freilich wurde eine freundliche Karriere des Wortes Denunziation schon dadurch behindert, daß die Praxis der Berufsverbote – die Sozialdemokraten hatten unter eifriger Assistenz der Unionsparteien einen Extremistenbeschluß (vulgo: Radikalenerlaß) herbeigeführt, um Kommunisten von der Beamtenlaufbahn fernzuhalten – das Denunzieren höchst aktueller Parteinahme zur Waffe gegen etliche der 68er selbst werden ließ. Immerhin blieb die Denunziation einer belasteten Vergangenheit oder sinistrer Absichten in der Gegenwart das politische Werkzeug, mit dem nun unliebsame Karrieren beendet oder verhindert wurden.

So war Kurt Georg Kiesingers Ansehen – nicht ganz zu Unrecht – mit Hinweis auf seine Nazimitgliedschaft beschädigt worden, Gerhard Schröder (CDU) war denunziert, weil er in der Bundesversammlung Stimmen der rechtsextremen NPD akzeptierte, um Bundespräsident zu werden, was aber keineswegs deshalb nicht klappte. Als Karl Carstens gegen Ende einer lupenreinen Karriere als Staatsrechtler, Staatssekretär, CDU-Fraktionsvorsitzender und Bundestagspräsident für das Amt des Bundespräsidenten nominiert wurde, tauchte plötzlich eine Mitgliedschaft bei den Nazis auf, deren Bedeutung allerdings entschärft wurde, so daß diese Denunziation zu nichts führte. Hans Karl Filbinger, der in den siebziger Jahren mit der Parole »Freiheit statt Sozialismus« in Baden-Württemberg einen gewaltigen Wahlsieg errang, verlor sein Amt wegen seiner Tätigkeit als Marinestabsrichter im Krieg. Rolf Hochhuth nannte ihn einen »furchtbaren Juristen«.

Franz Josef Strauß wurde, als er 1980 versuchte, Kanzler zu werden, als Gefahr für die Demokratie denunziert, als Freund von Rassisten und Diktatoren – wozu manche seiner internationalen Kontakte und Machenschaften Anlaß gaben. Und Helmut Schmidt verlor die Gunst vieler seiner Parteifreunde innerhalb und außerhalb des Bundestages, weil er wegen seiner Politik der Nachrüstung als Militarist, als Kriegstreiber bezeichnet wurde. Seriös wirkende junge Leute reisten herum und präsentierten ihrem Publikum Landkarten, auf denen zu sehen war, wie angeblich nach Planung der Nato weite Teile Deutschlands schon der Vernichtung durch fremde und eigene Raketen bei einem kühl kalkulierten Krieg preisgegeben waren.

So verlor Schmidt die Unterstützung in seinem politischen Umfeld, während in der Bevölkerung sein Ansehen unaufhaltsam stieg. Im Februar 1982 stellte Schmidt im Deutschen Bundestag die Vertrauensfrage. Vordergründig ging es dabei um ein Beschäftigungsprogramm der Bundesregierung, tatsächlich wollte der Kanzler seine gesamte Politik – einschließlich der Nachrüstung – von der Koalition, vor allem aber von den Mitgliedern seiner, der sozialdemokratischen Fraktion bestätigt haben. Viele empfanden das als einen Akt der Erpressung. Der SPD-Bundestagsabgeordnete Gerhard Schröder, ein 68er mit einer imponierenden, aber nach der Fama von 1968 eher unauffälligen Biographie, sagte dazu: »Was die Vertrauensfrage angeht, hat der Bundeskanzler mein Vertrauen, weil die Alternative dazu der Gimpel Kohl ist. Und den kann keiner wollen. Und weil das so ist, werde ich natürlich bei der Vertrauensfrage mit Ja stimmen. Ich gebe aber zu, daß es eine verdammt beschissene Situation ist, in solch einer Situation sich zu befinden.«

Noch im selben Jahr wurde Helmut Kohl Bundeskanzler. Und annähernd zwanzig Jahre später, im November 2001, verband Bundeskanzler Gerhard Schröder im Deutschen Bundestag die Abstimmung über den Afghanistan-Einsatz der Bundeswehr mit der Vertrauensfrage, weil die rot-grüne Mehrheit im Parlament in beiden Regierungsfraktionen zu zerbröseln drohte und man in dieser Frage nicht lediglich dank der Stimmen der Opposition bestehen wollte. Das war nun wirklich ungeschminkte Erpressung der Abgeordneten gewesen. Aber die Zeit der wirksamen Denunziationen war da längst vorbei.

Als der *Spiegel* im Oktober 1982 den Kanzlerwechsel

in Bonn von Schmidt zu Kohl auf das Titelblatt nahm, stand auf Platz 1 der Bestsellerliste Belletristik Michael Endes *Unendliche Geschichte*. Die prophetische Ironie dieser Kombination konnte damals niemand ahnen. Als Kohl 1998 durch die Bürger abgewählt wurde, die sich an der dritten Bundestagswahl im wiedervereinigten Deutschland beteiligten, war der Wunsch übermächtig geworden, daß aus der unendlichen Geschichte keine endlose Geschichte der Kanzlerschaft Kohl werden möge.

Daß die Amtszeit Helmut Kohls länger werden würde als die Konrad Adenauers, hätte dem früheren Ministerpräsidenten von Rheinland-Pfalz, der danach sechs Jahre die CDU/CSU-Fraktion im Bundestag mehr bräsig als blendend geführt hatte, zu Anfang niemand zugetraut. Sicherlich hatte man ihn unterschätzt. Durch ihn wurde das Wort »unterschätzen« zum Klischee heimlicher Aufwertung. Jeder, zu dem einem nichts einfiel, wurde jetzt angeblich unterschätzt. Das ändert nichts daran, daß die lange Amtszeit Helmut Kohls zu einem hervorstechenden Zeugnis für das Versagen der Elite der 68er Generation wurde. Daß es in dieser Generation eine Elite gab, ist wohl als gewiß anzunehmen. Aber wie viele davon fanden einen Weg in die Politik? Sie haben es nicht geschafft, den belachten, ausgelachten Kohl beizeiten zu verdrängen.

Bevor der lange Marsch an der Spitze der Bewegung in ein langes Warten überging, hatten durchaus andere in der SPD Entscheidungen getroffen, deren Auswirkungen es den Linken schwermachten, die Regierungsfähigkeit zurückzugewinnen. In der Regierungszeit Helmut Schmidts war der SPD in den Grünen eine Konkurrenz-

Partei entstanden, die zwar den Wettkampf mit linkem Anstrich bestritt, ihre Wählerschaft aber auch aus beweglichen Teilen des wertkonservativen Bürgertums bezog. Auf dieses, die junge Partei stabilisierende Potential konnten die Sozialdemokraten kaum direkt zugehen. Es unterliegt keinem Zweifel, daß hier die Unbefangenheit der 68er Generation wesentlich das Terrain bereitet hatte.

In der SPD hatten die engagierten 68er vielerorts – nicht im Ruhrgebiet – eine Veränderung der parteiinternen Diskussionen herbeigeführt, die von der traditionellen Mitgliederschar nicht nur mit Freude gesehen wurde. Umgekehrt öffnete die CDU bei ihren Funktions- und Mandatsträgern nun Positionen für Nicht-Akademiker, oft auch Nicht-Abiturienten, die sie deshalb so besetzen mußte, weil die Absolventen von höheren Bildungseinrichtungen nur noch in Ausnahmefällen den Weg zu ihr fanden. Schließlich war es die CDU, die einer überraschten Öffentlichkeit die »neue soziale Frage« präsentierte und die dazugehörende Polemik durch den Mainzer Sozialminister und nachmaligen Generalsekretär der Partei Heiner Geißler machtvoll vortrug.

Die CDU – auch das eine Folge von 1968 – hörte auf, eine Honoratiorenpartei zu sein. Die SPD hörte auf, eine Arbeiterpartei zu sein. Sozialdemokraten schoben das auf den »sozialen Wandel«, der die klassische Arbeiterschaft als gesellschaftliche Schicht erodieren lasse. Das war nicht ganz falsch. Aber auch nach dem »sozialen Wandel« gab es noch die sogenannten kleinen Leute, Arbeiter, Angestellte, Kaufleute. Die wandten sich jetzt – wieder – den Unionsparteien zu. Zum Teil, weil sie hofften, deren wirtschaftliche Kompetenz werde ihnen helfen, ihren bescheidenen Wohlstand zu halten oder zu mehren. Zum Teil aus Verdruß über die SPD, in der plötzlich Fragen wichtig wurden, die sie nicht interessierten, vorgetragen von Leuten, die sie nicht verstanden. Diese Leute hätte Helmut Schmidt noch für die SPD halten können. Aber dazu bekam er keine Gelegenheit mehr.

Die Wahl des sozialdemokratischen Kanzlerkandidaten für 1983 war keine glückliche. Jochen Vogel gehört zur Generation der großen Brüder und dort zu den ältesten. Er hatte als Oberbürgermeister von München die 68er und die, die zu ihnen halten wollten, gründlich hassen gelernt. Als Justizminister hatte er es mit Terroristen und ihren Anwälten zu tun, was ihn der jungen Parteilinken nicht näher brachte. In seiner kurzen Zeit als Regierender Bürgermeister von Westberlin lernte er die Hausbesetzer kennen und – nach einer Weile – ihre Motive achten. Die Folge war bei ihm ein politisches Umdenken, das aber seinen politischen Stil kaum änderte. Es war ein Glück für Kohl, daß Vogel SPD-Fraktionsvorsitzender im Bundestag und später auch Parteivorsitzender wurde. Willy Brandt war über die gescheiterte Berufung einer nicht geeigneten Parteisprecherin gestolpert. Er hätte deshalb den SPD-Parteivorsitz nicht aufgeben müssen; er tat es, weil er wiederum seine Isoliertheit in den Führungsgremien der Partei spürte.

So wenig wie 1983 Vogel, konnten die 68er dann 1987 Johannes Rau als Kanzlerkandidaten der SPD verhindern. Das erste war für sie zu früh, das zweite war schon ein Fehler. Rau gehört wie Kohl und Vogel der Generation der großen Brüder an. Er hatte eine Parteikarriere ähnlich wie Kohl hingelegt, er war wie dieser machtbewußt und schien wie dieser zugleich umgänglich zu sein. Hätte Rau die Bundestagswahl 1987 gewonnen, wäre einer aus der 68er Generation kaum früher Kanzler geworden, als es dann geschah, und vielleicht nie, wenn auf Rau wieder ein Unionspolitiker gewählt worden wäre. Die 68er sahen Rau aus vielen Gründen ungern als Kanzlerkandidaten. Zum einen verweigerte sich der Ministerpräsident von Nordrhein-Westfalen damals entschieden einem rot-grünen Regierungsprojekt. Zum anderen stand er, in dessen Hausmacht die Sozialdemokraten des Ruhr-Reviers den Hauptanteil stellten, dem Denken der 68er so fern wie nur möglich. Ein Treffen mit den wichtigsten Intellektuellen der Linken zum Wahlkampf 1987 fand unter Ausschluß der Öffentlichkeit statt. Allein parteinahe Mitorganisatoren hatten die Möglichkeit, darüber in den Medien zu berichten. Ein anderes traditionelles Treffen der Wahlkampfunterstützer wurde zwar angesetzt, mißriet aber, weil man gebeten hatte, der Kanzlerkandidat, den man unterstützen wollte, möge fernbleiben. Man genierte sich. Rau, der seinen Wahlkampf gegen alle anderen Parteien führen wollte und damit das unrealistische Ziel der absoluten Mehrheit als das seine hätte angeben müssen, was zu tun er aus ungebrochenem Realitätssinn vermied, bekam auch noch von Willy Brandt öffentlich gesagt, 43 Prozent seien doch auch ein schönes Ergebnis. Wollte da der Alte von links andeuten, daß er den Regierungswechsel doch lieber einem von denen gönnte, die seine Enkel genannt wurden?

Diese mußten in den achtziger Jahren hinzulernen. Einst hatte es für politische Auseinandersetzungen eine vortreffliche Regel gegeben, und die 68er hatten sie virtuos zu nutzen verstanden: Jede sachliche, pragmatische, wissenschaftliche Auseinandersetzung konnte in eine moralische umgewandelt werden. Und aus jeder moralischen Debatte konnte die Linke als Gewinner hervorgehen. Im Historikerstreit der achtziger Jahre ging es nicht um wissenschaftliche Wahrheit, sondern um das richtige Verhältnis zur Schuld der Deutschen. Für solche Akzentverschiebung in der Diskussion gab es Gründe, denen schwer entgegenzutreten war. Ergänzend konnte jeder moralisierende Hinweis von konservativer Seite als instrumentell denunziert werden. Wer vom Leid der Vertriebenen sprach, hieß es, wolle nur revanchistischer, friedensgefährdender Politik den Weg bereiten. Moralisch bedeutsamer sei die Angst der Völker im Osten wegen der Deutschen, die sie im Zweiten Weltkrieg kennengelernt hatten.

Dieses in den sechziger und siebziger Jahren geschaffene Konfrontationsmuster, bei dem es für die Linke von Vorteil war, daß ihre jungen Mitstreiter eloquenter und historisch gebildeter waren als die Leute, die sie vorzugsweise angriffen, sorgte dafür, daß es in politischen Auseinandersetzungen immer wenigstens eine Ebene gab, auf die sich Sozialdemokraten und Grüne begeben konnten, wenn sie zuverlässig und schnell einen Sieg über den politischen Gegner brauchten. In den Medien waren etliche der 68er auf ihrem langen Marsch inzwischen ebenso angekommen wie in der Politik und im Bildungswesen. Sie bildeten dort keine Mehrheit, aber eine zumeist homogen reagierende und immer auch auf Erkennbarkeit hin argumentierende Gruppe, die jederzeit den

Ton der Auseinandersetzungen bestimmen und auf den Applaus einer konformistischen Claque rechnen konnte. Das war von Fall zu Fall von unschätzbarem Vorteil, hatte indes auf lange Sicht die Folge, daß viele linke Politiker die Fähigkeit einbüßten oder nie entwickelten, sich gegen scharfen Widerspruch zu behaupten.

Die Gunst der Verhältnisse in den von ihnen bestimmten Milieus führte dazu, daß viele 68er in den siebziger und achtziger Jahren Rückenwindpolitiker wurden. Ihre Gegenspieler von der Union dagegen, die es allmählich gewohnt waren, bei jedem öffentlichen Auftritt von Pfiffen und Geschrei empfangen und begleitet zu werden, und die wußten, daß sie nichts mehr erreichen konnten, wenn in einer Versammlung jemand aufstand und begann »Ich als Arzt möchte dazu sagen ...«, diese Leute aus der Partei Helmut Kohls waren ihnen bald an Zähigkeit und auch an Gewandtheit überlegen.

Es zeigte sich rasch, daß die profanen Mittel der 68er im Kampf gegen Kohl und die von ihm – seit 1973 – geformte CDU wenig bewirkten. In der Affäre aus Anlaß des zu Unrecht der Homosexualität und damit sicherheitsgefährdender Kontakte beschuldigten und deshalb einer dilettantischen Überprüfung ausgesetzten Bundeswehrgenerals Kießling (1983/84) blamierte sich Kohls Verteidigungsminister Manfred Wörner beispiellos. Joschka Fischer hatte einen kabarettreifen Auftritt im Parlament, er entwarf das Bild, wie eine solche Regierung am Ende doch alles harmonisch bereinigen könne: Der General werde mit einem Großen Zapfenstreich verabschiedet und lausche dabei neben seinem Verteidigungsminister dem Choral »Ich bete an die Macht der Liebe«. Sozialdemokraten und Grüne wollten sich ausschütten vor Lachen auf den Oppositionsbänken des Bundestages. Aber da es eben die Oppositionsbänke waren, auf denen sie lachten, ließ das Schauspiel Kohl völlig kalt. Auch die Medien zogen alle Register zwischen Entsetzen und Häme. Kohl sagte in die selbstzufriedene Aufgeregtheit der Bundespressekonferenz hinein: Wir lassen uns das Leben nicht vermiesen. Mit ähnlicher Indolenz überstand dieser Kanzler auch andere Pannen seiner Amtszeiten. Als er den amerikanischen Präsidenten Ronald Reagan nötigte, mit ihm eine militärische Gedenkzeremonie auf einem Soldatenfriedhof im pfälzischen Bitburg abzuhalten, obwohl bekannt geworden war, daß dort auch SS-Männer begraben lagen, mobilisierten die 68er und nicht nur sie noch einmal das bewährte Empörungspotential. Es blieb folgenlos. Nun war klargeworden, daß die alten, in den sechziger Jahren entwickelten Strategien symbolischer Politik nicht mehr automatisch zum Erfolg führten. Sie waren zuschanden gegangen an einem Kanzler, der ebenfalls symbolische Akte zur Pointierung seiner Politik inszenierte. Kohls Inszenierungen begeisterten kaum jemanden. Aber sie regten auch nur noch wenige auf. Eine Bühne der 68er Generation war uninteressant geworden.

Dennoch sah es nach der Niederlage Johannes Raus 1987 so aus, als werde demnächst einer aus der 68er Generation, aus der Generation der nun Vierzigjährigen, sozialdemokratischer Bundeskanzler sein können. Oskar Lafontaine hatte den Marsch durch die Institutionen vorbildlich absolviert: Oberbürgermeister von Saarbrücken in sehr jungen Jahren, dann Ministerpräsident des Saarlandes, jetzt Kanzlerkandidat. Wortgewaltig und erpicht auf die Freuden des Lebens, ein Mann für Bars und Barrikaden. Schon früh stellte man sich in Bonn darauf ein, daß er einen Regierungswechsel herbeiführen könne. In der CDU war eben erst der Versuch gescheitert, Kohl auf einem Parteitag (in Bremen 1989) die Führung der Partei zu entreißen. Der Aufstand endete kläglich. Generalsekretär Geißler und die 68er der CDU, die er um sich herum in der Parteizentrale versammelt hatte, waren gescheitert. Heiner Geißler, der Liebling der Partei, der wie kein anderer in der CDU die Mittel der 68er beherrschte – Polemik und Arroganz, moralisches Auftrumpfen und listige Intrige, weitsichtige Arbeit und Neigung zur privaten Idylle –, wurde entmachtet. Den 68ern in der SPD stand in den Reihen der CDU kein gleichwertiger Kämpfer mehr gegenüber.

Aufklärung, sagte Dieter Sturm, der Dramaturg der Schaubühne am Halleschen Ufer, 1977, könne nur noch verstanden werden als Auskunft über Zusammenhänge, die sich der Erhellung gerade verweigern (zitiert nach Peter Iden): »Der Begriff ›Aufklärung‹ bezieht sich nicht darauf, daß bestimmte Sachverhalte noch rational erfaßt oder verändert werden können, sondern weit eher auf die Erkenntnis dessen, was sich rational nicht mehr erfassen oder verändern läßt ... Unsere Anstrengungen gehören diesem Prozeß einer Aufklärung, die sich gegen sich selbst kehren kann.«

Die Bremer Truppe um Peter Stein – der einst die Münchner Kammerspiele verlassen mußte, weil er mit einer Geldsammlung für den Vietcong aufgefallen war – hatte als neue Schaubühne 1970 in Berlin mit einer Aufführung von Gorkis *Mutter* in der Bearbeitung von Brecht begonnen. Die Kritik erkannte die politische Absicht und war keineswegs verstimmt. Eine rote Fahne, schrieb Hellmuth Karasek in der *Zeit* anerkennend, sei nicht mehr nur »ein ästhetisches Dekor, und ein kämpferischer Gestus nicht mehr nur historisches Stilmittel. Das beseitigt, da die Leute vom Halleschen Ufer trotzdem mit hochentwickeltem Kunstverstand zu Werke gehen, die falschen Peinlichkeiten vieler Brecht-Aufführungen, die einen Schauspieler wie mit Fusel vorübergehend für eine Rolle mit Klassenkampf auffüllen.«

Schon die zweite Inszenierung stellte Peter Handkes *Der Ritt über den Bodensee* vor, dieses »vehement antimarxistische, konsequent individualistische Stück«, wie Rolf Michaelis in der *Frankfurter Allgemeinen Zeitung* erklärte. »Der ranzige Applaus am Premierenabend (im Gegensatz zum vergnügten Applaus nach den Voraufführungen) macht hörbar, mit welchen Erwartungsklischees diese Bühne bereits beobachtet wird. Fast widerwillig werden der am deutschsprachigen Theater zur Zeit einmalige artifizielle Prunk und die ästhetische Kultur dieser Aufführung zur Kenntnis genommen.«

Hier deutete sich der Kampf darum an, wie er nach 1969 weitergehen solle. Die einen sahen das im vergangenen Jahrzehnt Erreichte als den Durchbruch zur Möglichkeit sozialistischer Politik, die jetzt auf allen gesellschaftlich relevanten Ebenen kompromißlos vorangetrieben werden müsse. Andere gedachten eher, von der intellektuellen Energie Gebrauch zu machen, die durch den Prozeß der Revolte, den die sechziger Jahre erlebt hatten, sich angesammelt hatte. Und die konnte nun auch genutzt werden, um sich in ganz anderer Weise, als es frühere Generationen getan hatten, den herausfordernden Fragen und Stoffen der Vergangenheit zuzuwenden und zu versuchen, sie in die Gegenwart zu holen.

Peter Stein, Dieter Sturm und das Schaubühnenensemble um Bruno Ganz, Jutta Lampe und Edith Clever versuchten, Einseitigkeit zu vermeiden. Aber das war ihren Kritikern nicht genug. Als sie mit der Aufführung *Kleists Traum vom Prinzen Homburg* (Dramaturgie: Botho Strauß) ein großes Publikum begeisterten – beim Gastspiel in Frankfurt die Höchster Jahrhunderthalle füllten –, befand Joachim Kaiser in der *Süddeutschen Zeitung*: »Ich halte Peter Steins Konzept für falsch, für klug, verführerisch und feige. Jetzt kann er von vorneherein entwirklichen, in Anführungszeichen sprechen lassen. Jetzt kann er Kleists Wahrheit unterlaufen, ohne Kleist kritisch denunzieren zu müssen. Er denunziert ihn nur eben weit sublimer, ästhetizistisch, ja, utopisch.« Dagegen schrieb Rolf Michaelis in der *Frankfurter Allgemeinen Zeitung*: »Ein Traum von Inszenierung. Schönste, kräftigste Regie-Tat von Peter Stein. So wunderbar traumverloren habe ich dieses Nachtstück noch nie entfaltet gesehen, genauer noch: nie die dissonante, immer wieder in jähe Pausen stürzende Sprachmelodie Kleists sprechen, ja, singen gehört.«

Für die orthodoxen Linken, denen die ganze Richtung nicht mehr paßte, nahm Peter Rühmkorf, ein virtuoser Lyriker, Mitarbeiter der Zeitschrift *konkret* seit ihren Anfängen, im *Literaturmagazin 1* des Rowohlt Verlages – schon drei Jahre nach der Gründung des neuen Theaters – eine Generalabrechnung vor. Er schimpfte über »Peter Steins Feinkostbühne«, über »Kunstfeuerwerkerei«. Er präsentierte eine radikale Alternative: »Entweder die Bühne bekennt sich offen zur Gegenaufklärung des alten Bluff- und Verblüffungstheaters – oder widme sich gefälligst dem neuen Entzauberungs-, Enttarnungs-, Enttäuschungstheater, einem Theater nebenbei, das ganz und gar nicht Zeigestocktheater sein muß, sondern so kunstvoll und sinnfällig enthüllen sollte, daß sich das Publikum vor lauter Aha-Erlebnissen und Erkenntnisschüben auf die Schenkel klopft.«

Die Schaubühne ging nicht in die von Rühmkorf empfohlene Richtung und wurde für dreißig Jahre Deutschlands wichtigstes Theater – ein Theater nach Bildung, Sensibilität und politischem Engagement aus dem Geist der sechziger Jahre. Die Bezugspunkte der Schaubühne, schreibt Peter Iden in seinem Buch über deren erstes Jahrzehnt, »waren von Anfang an Geschichte und Schicksal des Subjekts (und der Subjektivität) in den praktischen Umständen seines Lebens, gegen dessen schlechte Aussichten die Ansprüche seiner Hoffnungen und seiner Träume sich behaupten müssen«.

Aber die Theaterleute waren keine 68er. Das war ihr genialster Dramaturg und liebster Dramatiker: Botho Strauß. Und der wollte bald eigene Wege gehen – fort von der Geschichtslosigkeit der großen Brüder; er wollte die von den Vätern geschändete deutsche Geschichte neu verstanden für seine Zeit wiedergewinnen. Doch es sollte sich zeigen, daß das nur einer der Wege war, auf denen den 68ern die deutsche Geschichte – auch die ihrer Väter – wiederbegegnen sollte.

Achtes Kapitel

Putschisten auf dem Weg ins Kanzleramt

Der Mannheimer SPD-Parteitag im November 1995 brachte den Höhepunkt der erstaunlichen Karriere Oskar Lafontaines. Fünf Jahre zuvor war er als Kanzlerkandidat bei der Bundestagswahl, der ersten im wiedervereinigten Deutschland, Helmut Kohl unterlegen; er hatte, im Gegensatz zu den meisten Sozialdemokraten, die neugewonnene Einheit nicht mit fröhlicher Miene begrüßen können. Als es die SPD dann 1998, sechzehn Jahre nach dem Abgang Helmut Schmidts, schaffte, wieder einen Bundeskanzler aus ihren Reihen auf die Regierungsbank zu schicken, war Oskar Lafontaine nur noch der zweite Mann, stark zwar, aber nicht Kanzler. Das war jetzt Gerhard Schröder. Der *Spiegel* setzte über sein Gesprächsprotokoll mit Schröder ein Zitat aus dem Interview: »Ich bestimme die Richtlinien.« Die *Spiegel*-Bestsellerliste im selben Heft führte auf Platz 1 der Roman *Röslein rot* von Ingrid Noll an. Die Woche davor hatte das Prosastück noch auf Platz 2 gestanden.

Im November 1995 war die SPD verändert worden. Während ihres Mannheimer Parteitages hatte Lafontaine, bestätigt durch grandiosen Beifall für eine stürmische

Rede, seine Kandidatur für den Parteivorsitz angemeldet, überraschend. Das SPD-Präsidium hatte die Wiederwahl des 1994 bei der Bundestagswahl gescheiterten Rudolf Scharping vorgeschlagen. Damit Lafontaine zum Wahlgang in Mannheim zugelassen werden konnte, mußte die alte Partei zuvor noch ihre Satzung ändern. Das tat sie. Was in anderen Zeiten als eine Schutzvorkehrung zur Abwehr putschistischer Manöver in emotionalisierten Versammlungen eingerichtet worden war, wurde nun aufgegeben, um »Oskar« wählen zu können.

Lafontaine, aus einfachen Verhältnissen stammend – seine Mutter war Kriegerwitwe wie die Mutter Schröders, aber er wuchs, anders als sein Konkurrent, in einem katholischen Milieu auf –, war in Saarbrücken der jüngste Oberbürgermeister der Bundesrepublik gewesen. Niemand übersah seine politische Begabung. Das Land war patriarchalisch von Franz Josef Röder, einem Christlichen Demokraten aus der Generation der Großväter, regiert worden. Als Röder in die Jahre kam und von den Jüngeren in der CDU bedrängt wurde, endlich seinen Platz zu räumen, verließ er einmal nach einer ärgerlichen Auseinandersetzung die Runde seiner Parteifreunde und begab sich zu einem sommerlichen Fest, um dort mit Lafontaine des längeren herzlich zu plaudern. Die Botschaft wurde verstanden: Wenn es einen im Saarland gäbe, der würdig wäre, sein, Röders, Nachfolger zu werden, dann dieser junge Sozialdemokrat. Nach Röders Tod und noch als Oberbürgermeister setzte Lafontaine durch, daß die Straße längs des Saarländischen Landtages in »Franz-Josef-Röder-Straße« umbenannt wurde. Bei der CDU war niemand auf die Idee gekommen.

Lafontaine war ein Enkel Röders, bevor er ein Enkel Willy Brandts wurde. Schon 1985 an der Saar zum Ministerpräsidenten gewählt, erreichte Lafontaine dort 1990 die absolute Mehrheit mit 54,4 Prozent der Stimmen. Er hatte sich als Mann rücksichtsloser Worte und verschwenderischer Genußfreude einen Namen gemacht, als er – fast schien es: selbstverständlich – nach der Niederlage von Rau Kanzlerkandidat der Sozialdemokraten für das Jahr 1991 wurde. Aber seine Bundestagswahl fand nicht 1991, sondern wegen des Beitritts der DDR zur Bundesrepublik schon ein Jahr früher, im Winter 1990, statt.

Für viele Deutsche war die Wiedervereinigung das bedeutsamste Ereignis nach 1945, und die meisten empfanden es als ein glückliches Ereignis. Bei Lafontaine war davon nichts zu merken. Ihm lag Südfrankreich näher am Saargebiet und näher am Herzen als Dresden. Er hatte seine Freunde in der sogenannten Toskana-Fraktion der SPD, und nicht dort, wo man sehnsüchtig von den alten sozialdemokratischen Hochburgen im mitteldeutschen Industriegebiet sprach. Zutreffend wies er – im Gegensatz zu Kohl – auf die enormen Kosten, auf die unabsehbaren Schwierigkeiten hin, die der Prozeß der Einheit, den er als zu schnell erachtete, mit sich bringen würde. Aber diejenigen, die auf das Tempo drückten, waren die Menschen in der DDR, und es gab hier wie dort keine Alternative zur Politik der Kosten und Schwierigkeiten.

Lafontaines Worte wären allenfalls als Kritik an Kohls Stil des Verschweigens plausibel gewesen. Aber sie wurden weithin verstanden als Kritik an der Wiedervereinigung selbst. Und nichts anderes, schien es, hatte man in Deutschland von der 68er Generation erwartet. Unübersehbar war das an dem Abend des 9. November 1989 von allen Sendern des Fernsehens verbreitet worden, als nach dem Bekanntwerden der Maueröffnung im Deutschen Bundestag in Bonn – zufällig alte Symbolik wieder aufnehmend an provisorischem Tagungsort: in einem alten, umgebauten Wasserwerk – die Abgeordneten der SPD, der Union und der FDP sich von ihren Plätzen im Plenum erhoben und die dritte Strophe des Deutschlandliedes anstimmten. Die jungen Abgeordneten der Grünen – in den Augen der Bevölkerung die Partei der 68er – standen oder saßen ratlos bis entgeistert dazwischen und wußten nicht, was tun: rausgehen, stören, mitsingen? Aber sie waren es, auf die Lafontaine als Partner fürs Regieren setzte, sollte die SPD die nächste Bundestagswahl gewinnen – womit viele bis dahin gerechnet hatten.

Wenig später war es Antje Vollmer, die ihre Gesinnungsfreunde beklommen fragte, ob ihnen klar sei, daß es nun aus sei mit der alten Bundesrepublik.

Für die Sozialdemokraten kam diese Konstellation einer Katastrophe gleich. In vierzig Jahren Geschichte der Bonner Republik war ihre Partei die Mahnerin zur deutschen Einheit gewesen. Zuerst gegen Adenauer und die Politik der Westintegration, dann als Architektin der Neuen Ostpolitik, die trotz oder mit der Anerkennung der DDR in Deutschland zusammenhalten sollte, was im Ost-West-Konflikt noch zusammenzuhalten war. Zuletzt mit den vielerorts beargwöhnten Gesprächskontakten der SPD mit der SED, mit denen eine Aufweichung der Haltung Ostberlins erreicht werden sollte, wie sie in anderen Ostblockländern schon im Gange war. Den Unionsparteien war die Entwicklung im Osten und zwischen den beiden deutschen Staaten immer ziemlich egal gewesen. Sie hatten nichts gegen das im Grundgesetz verankerte Ziel der Wiedervereinigung, hatten die Verfassung sogar gegen die SPD/FDP-Bundesregierung mobilisiert, als ihnen die Politik der Anerkennung zu weit ging, aber Priorität hatte für die Partei Adenauers stets der Wohlstand im eigenen Land und dessen Eingebundensein in der westlichen Staatengemeinschaft gehabt. Nicht nur, daß einer unionsgeführten Bundesregierung nun die Wiedervereinigung als Geschenk der Geschichte in den Schoß fiel – die SPD ging mit einem Mann als Kanzlerkandidat in den Wahlkampf, der dieses Geschenk überhaupt nicht haben zu wollen schien.

Das zumindest hätte man ändern können. Es wurde diskutiert, ob Willy Brandt – glaubwürdig wie kein anderer als Kanzler der deutschen Einheit – bei den um ein Jahr vorgezogenen Wahlen ins Rennen gehen sollte. Ein Zurücktreten Lafontaines von der Kanzlerkandidatur wäre zu erklären gewesen mit dem Attentat (durch eine geistesgestörte Frau), bei dem er im Sommer 1990 schwer verletzt worden war. Aber der Gedanke erreichte nicht einmal eine breite Diskussion. Brandt sei, wie es unter der Hand hieß, in der Partei als möglicher Bundeskanzler nicht mehr durchsetzbar.

So war die Niederlage der Sozialdemokraten 1990 durch ein Ereignis programmiert, über das sich in keiner Partei mehr Menschen gefreut haben dürften als in der SPD und auf das in keiner anderen Partei so lange hingearbeitet worden war wie in der SPD. Nur die 68er in der SPD hatten daran keinen Anteil – aber die hatten in diesem Augenblick das Heft in der Hand.

Und Lafontaine schmiß es weg, als die Niederlage feststand. Er wollte nicht Fraktionsvorsitzender werden, er wollte nicht Parteivorsitzender werden, er reiste ab und machte Urlaub in der Karibik. Nach einem kurzen Zwischenspiel des schleswig-holsteinischen Ministerpräsidenten Björn Engholm an der Spitze der SPD – er hatte als erfolgreicher Gegenspieler Uwe Barschels die Aufmerksamkeit auf sich gezogen, doch der Affäre, die mit Barschels Namen verbunden ist, fiel schließlich auch er zum Opfer – mußte die alte Partei sich 1993 wieder einen neuen Vorsitzenden suchen.

Dazu hatte man sich etwas Neues ausgedacht, und wenn man von dem Putsch von Mannheim spricht, darf man die Vorgeschichte nicht unterschlagen, bei der einer der großen Brüder im Wettkampf der 68er Kandidaten Regie führte. Die SPD hatte sich entschlossen, den Vorsitzenden durch eine Urwahl zu ermitteln, bei der alle Parteimitglieder abstimmen sollten. Schon früh hatte sich herauskristallisiert, daß die Alternative »Scharping oder Schröder« lauten würde. Rudolf Scharping, ein biederer Parteifunktionär, hatte – auch ein langer Marsch – in Kohls Stammland Rheinland-Pfalz Schwächen der CDU klug genutzt, war in Mainz Ministerpräsident geworden und pflegte sorgfältig seine Koalition mit der FDP. Schröder regierte seit 1990 mit den Grünen in Hannover. Er und Rau mochten sich nicht. Rau hatte ihm – so dachte Schröder – 1986 die niedersächsische Landtagswahl vermasselt, als der damalige Kanzlerkandidat von der Ruhr jedes Angebot an die Grünen, auch in den Bundesländern, unterband. Rau hielt Schröder für einen Hallodri, dem ernsthaftes Arbeiten zuwider sei.

Es war abzusehen, daß bundesweit bei einer Abstimmung über Scharping und Schröder der agilere Norddeutsche gegen den unbeholfen wirkenden Mainzer das Rennen machen würde. Aber soweit wollte es der stellvertretende, nun amtierende SPD-Vorsitzende Rau nicht kommen lassen. Flugs stieg eine dritte Kandidatin ins Rennen ein, Heidemarie Wieczorek-Zeul aus Hessen-Süd, genannt die »rote Heidi«. Man müsse, hieß es scheinheilig, dem neuen Geist der neuen Zeit Rechnung tragen und eine Frau zur Wahl stellen – als ob unter den 68ern und den Älteren jemals wichtig gewesen wäre, was Frauen denken! Obendrein wurde festgelegt, der Kandidat mit den meisten Stimmen solle als Sieger ausgerufen werden; eine Stichwahl zwischen den ersten beiden war nicht vorgesehen. Es kam, wie es hatte kommen sollen: Wer Scharping wählen wollte, war – Feminist oder nicht – kaum in Versuchung zu bringen, die »rote Heidi« zu wählen. Aber unter den progressiveren, auch ein wenig mehr links orientierten Parteimitgliedern, die dem Anhang Schröders zuzurechnen waren, zogen es nun etliche vor, für die noch radikalere Variante an der Spitze der SPD zu votieren. So verlor Schröder, und Scharping siegte mit relativer Mehrheit.

Aber Scharping verlor als Kanzlerkandidat die Bundestagswahl 1994 – und nicht wenige behaupten: aus Tolpatschigkeit. Dennoch konnte es Johannes Rau als der starke Mann in der SPD hinter Scharping durchsetzen, daß er für den Parteitag in Mannheim noch einmal als Vorsitzender der Partei nominiert wurde. Zuvor hatte dieser Schröder als wirtschaftspolitischen Sprecher der Partei abgesetzt. Scharping hoffte, damit auf dem linken Flügel der Partei Boden zu gewinnen, da Schröder angefangen hatte, sich mit unkonventionellen Vorschlägen als Modernisierer zu empfehlen. Zugleich pflegte Lafontaine sein Image als Anwalt der kleinen Leute und als verständnisvoller Weggefährte der Protestbewegung, als der er im schwäbischen Mutlangen – ein 68er zusammen mit Heinrich Böll – an der Blockade eines US-Raketendepots teilgenommen hatte. Lafontaine überrumpelte den Mannheimer Parteitag und wurde, unterstützt von dem wiedererstarkten Schröder, SPD-Vorsitzender.

Fortan waren Schröder und Lafontaine, die Putschisten von Mannheim, die Rau düpiert und Scharping gestürzt hatten, Rivalen um die Kanzlerkandidatur 1998. In diesem Jahr würde Kohl vor seinem siebzigsten Geburtstag stehen und sechzehn Jahre als Kanzler regiert haben. Die Zeit würde reif sein für einen Wechsel an der Spitze der Bundesrepublik. Vor allem aber begann die Zeit abzulaufen, die den 68ern noch blieb, um an das Ziel ihres langen Marsches zu gelangen, dorthin, wo er nach seinen ehrgeizigsten Planern ankommen mußte.

Wie Gerhard Schröder es schaffte, Kanzlerkandidat der SPD für die Bundestagswahl 1998 zu werden, ist wiederum einmalig in der Geschichte der SPD. Das einen Putsch zu nennen, wäre übertrieben. Aber es war ein Vorgang, bei dem es dem Jurastudenten der sechziger Jahre und Vorsitzenden der Jungsozialisten von 1978 bis 1980 gelang, seinen Rivalen und dessen Anhang allein durch die Inszenierung seines Anspruchs aus dem Ablauf des Geschehens herauszuhalten. Dabei bediente sich

Schröder der Medien auf eine indirekte, aber um so durchschlagendere Weise. Vor ihm hat das noch kein Politiker in der Bundesrepublik so getan. Und Schröder erwies sich hier als das, was ein über das Durchschnittliche hinaus erfolgreicher Politiker unbedingt auch sein muß: als ein mutiger Spieler.

Im Frühjahr 1998 hatte Schröder in Niedersachsen Landtagswahlen zu bestehen. Jeder der Ministerpräsidenten, die bisher als Kanzlerkandidaten angetreten waren – Kohl, Strauß, Rau, Lafontaine, Scharping –, hatten zuvor ihre letzte Landtagswahl mit Bravour gewonnen. Bei Schröder befürchtete man, daß er das SPD-Ergebnis von 1994 in Hannover nicht würde wiederholen können. In dieser Situation verkündete der Ministerpräsident, sofern er bei der Landtagswahl zwei Prozent der Stimmen verliere, stünde er als Bewerber um die Rolle des Kanzlerkandidaten seiner Partei nicht mehr zur Verfügung. Das erwies sich als eine ungemein geschickt formulierte Vorgabe. Schröder sagte nicht, unter welchen Umständen er etwas werden wolle, er sagte, unter welchen Umständen er darauf verzichten würde, eventuell etwas zu werden. Damit überließ er den Umkehrschluß der Öffentlichkeit. Würde durch den Gang der Dinge die Voraussetzung für seinen Verzicht entfallen, könnte das – je nach Stimmungslage der Bevölkerung, die sich vom Zuschauer zum Beteiligten befördert glauben mochte – bedeuten, daß Nicht-Verzichten schon hieß, den Zuschlag zu bekommen. Und genau das trat ein.

Schröders öffentlich gemachtes Spiel – »Wetten, daß ich deutlich mehr als 42 Prozent der Stimmen kriege!« – ließ die Landtagswahl in Niedersachsen zu einem Plebiszit über den sozialdemokratischen Kanzlerkandidaten werden, über den jetzt freilich nicht nur – wie bei der SPD-Urwahl 1993 – SPD-Parteimitglieder abstimmten, sondern die ganze wahlberechtigte Bevölkerung eines Bundeslandes. Das mochte eine erwünschte und in der Debatte brauchbare Auskunft ergeben über die Akzeptanz des Mannes innerhalb und jenseits der Parteigrenzen. Aber auf ein so bescheidenes Ziel hin war das Unternehmen nicht angelegt. Niemand in der SPD, kein Gegner Schröders und kein Schiedsrichter aus einem der Parteigremien konnte Einfluß nehmen auf das, was jetzt zwischen dem Kandidaten und der von ihm ins Spiel genommenen Öffentlichkeit bei der Niedersachsenwahl ablief.

Und Schröder gewann. Er legte gegenüber 1994 sogar zu: 47,9 Prozent der Stimmen jetzt gegenüber 44,3 Prozent damals. Dadurch, daß er die Latte tief gelegt hatte, wirkte sein Erfolg jetzt sehr hoch. Bis zuletzt versuchten Sozialdemokraten, sich dem Druck der von Schröder nun buchstäblich und im Alleingang geschaffenen Tatsachen entgegenzustemmen. Es werde keinen Automatismus in der Frage der Kanzlerkandidatur geben, klang es aus der Führung der SPD, deren Vorsitzender ja Lafontaine war, erst selbstbewußt, dann schon erkennbar um die Demonstration von Souveränität bemüht, schließlich nur noch beschwörend. Mehrfach wurden Termine genannt für die Zeit, die nach der Niedersachsenwahl verstreichen werde, bis man sich zur Beratung über die Person des Kanzlerkandidaten bequemen werde. Die genannten Fristen wurden immer kürzer, je näher der Wahltag in Schröders Land heranrückte. Und als am

Abend nach der Wahl die Stimmen ausgezählt waren und Schröder weit besser als erwartet abgeschnitten hatte, gab es keinen Zweifel mehr an der Person des Kanzlerkandidaten. Das Spiel in der Bundes-SPD war gelaufen, als das Spiel in Niedersachsen abgepfiffen wurde. Niemand anderes als Schröder hatte die Regeln zu diesem Spiel aufgestellt und lächelnd über ihre Einhaltung gewacht. Selten in der Geschichte parlamentarischer Demokratien ist eine große Partei von einem Mann, der noch nicht einmal an ihrer Spitze stand, dermaßen manipuliert worden.

Die 68er, einst erbitterte Feinde von allem, was nach Manipulation roch, bekamen ihre dritte Chance, Helmut Kohl zu schlagen. Beim ersten Mal war es wegen der Wiedervereinigung unmöglich gewesen. Beim zweiten Mal scheiterte es an der Person des Kandidaten, für dessen Aufstellung verfahrensroutiniert einer der großen Brüder gesorgt hatte. Beim dritten Mal, im Herbst 1998, war die Zeit überreif, und der Sieg fiel Gerhard Schröder in den Schoß, wie zuvor die deutsche Einheit Kohl zugefallen war.

Als 1949 Konrad Adenauer angefangen hatte zu regieren, war die Fraktionsgemeinschaft von CDU und CSU von ihm fast drohend darauf hingewiesen worden, daß das Grundgesetz die Stellung des Bundeskanzlers sehr stark gemacht habe. Regierungsmitglieder und Bundestagsabgeordnete bekamen dreieinhalb Legislaturperioden Zeit, zu lernen, was er damit hatte sagen wollen. Als Adenauer 1963 das Bundeskanzleramt verließ, trat Schröder in die SPD ein. Diese Koinzidenz war gewiß zufällig. Nicht vom Zufall bestimmt war indes, was Gerhard Schröder 35 Jahre später nach seiner Wahl zum Bundeskanzler den Redakteuren des *Spiegel* auf die Frage nach der Rivalität zu Lafontaine und dessen starker Stellung als Finanzminister der neuen Regierung ins Merkbuch diktierte: »Die Verfassung besagt ganz einfach: Der Bundeskanzler bestimmt die Richtlinien der Politik.«

Nicht ein Jahr später, 1999, trat Oskar Lafontaine als SPD-Vorsitzender und Bundesfinanzminister zurück. Desgleichen gab er sein Mandat als Bundestagsabgeordneter auf. Der erste der 68er, die auf ihrem Marsch durch die Institutionen ganz oben angekommen waren, hatte keine Lust mehr und beendete sein Gastspiel.

Neuntes Kapitel

Eindeutig im Uneindeutigen

Keine Regierung der Bundesrepublik hat in der ersten Legislaturperiode des Parlaments, dem sie ihre Bestallung verdankt, so viele Minister verloren wie die Regierung des Sozialdemokraten Gerhard Schröder und des Grünen Joschka Fischer. Nicht alle gingen freiwillig, aber einige doch. Freiwillig ging der Kulturstaatsminister Michael Naumann, der nach drei Jahren befand, nun sei es genug, und wieder Journalist wurde. Eher unfreiwillig ging noch am Tag der Bundestagswahl 2002 die Justizministerin Herta Däubler-Gmelin, eine 68erin pur, die den Geniestreich Schröders im Wahlkampf, bei Gelegenheit von Bushs Irak-Politik antiamerikanische Ressentiments zu beleben, mißverstanden hatte und der irrigen Ansicht gewesen war, nun dürfe man wieder wie einst im Mai '68 antiamerikanischer Polemik freien Lauf lassen. In einem Gespräch mit Gewerkschaftlern hatte sie ein Motiv bei Bush entdeckt, das sie mit einem gleichgelagerten Motiv bei Hitler zusammenbrachte: Ablenken von der innenpolitischen Misere. Ganz und gar unfreiwillig ging Verteidigungsminister Rudolf Scharping, der, was man ihm vordem als wesensfremd attestiert hätte, das Glück in Liebe und Luxus entdeckte. Weil er in der Pfalz

Helmut Kohls nicht gelernt hatte, damit umzugehen, fiel er in komischen Rollen auf, setzte seine Umgebung in Verlegenheit und wurde einige Wochen vor Beginn des Bundestagswahlkampfs 2002 aus dem Kabinett entlassen, ohne daß ihm etwas anderes vorzuwerfen gewesen wäre, als daß mehr und mehr Leute über ihn lachten. Die Geschichten anderer, die ihr Ressort verloren, sind andere Geschichten. Reinhard Klimmt, der Franz Müntefering als Verkehrsminister abgelöst hatte und auch bald ersetzt werden mußte, stolperte über alte Fehler, die mit seiner Liebe zum Fußball und mit der Unterstützungsbedürftigkeit des heimischen Profivereins zu tun hatten. Es gab auch gleichsam normale Rücktritte wegen politischer Pannen. Und es gab mehrere Kabinettsmitglieder, die anstandslos ihre vier Jahre durcharbeiteten.

Aber wenn die Bürger hätten sagen sollen, welcher der Minister die Leistungsfähigkeit und die Autorität des Staates am glaubhaftesten verkörperte, dann hätten die meisten wohl Innenminister Otto Schily genannt. Schily, 1932 geboren, nur zwei Jahre jünger als Kohl, aber aus wohlhabendem Hause stammend, in seiner Heimatstadt Bochum zur dortigen Oberschicht gehörend, war einer jener großen Brüder gewesen, die sich in den sechziger Jahren von der Studentenbewegung hatten mitreißen lassen. Doch Habitus und Erziehung verhinderten, daß er je die Distanz aufgab zu der Szene, die ihn aufnahm, obwohl er äußerlich nicht zu ihr paßte. Nach aufsehenerregenden Jahren als Verteidiger im Stammheimer Terroristenprozeß stieß er zu den Grünen, gelangte mit ihnen in den Bundestag, schloß sich nach einiger Zeit der SPD an und entpuppte sich in der ersten rot-grünen

Bundesregierung als ein Innenminister, von dem man hätte meinen können, er habe den Job von der Pike auf, also etwa beginnend mit dem Amt des Polizeipräsidenten in einer mittleren Großstadt, gelernt. Aber Schily würde von der Führung des Innenministeriums nie als von einem Job reden. Er hatte, gestärkt durch das Votum der Bürger 1998, in sein eigentliches Element gefunden; er wäre auch in der preußischen Regierung Braun neben einem Kultusminister Becker ein vorzüglicher Innenminister gewesen.

Wenn die Bürger hätten sagen sollen, welcher der Minister Schröders das Verantwortungsbewußtsein und die Schwere des Amts am glaubhaftesten verkörperte, dann hätten die allermeisten wohl Außenminister Joschka Fischer genannt. Fischer, 1949 geboren, in einfachen Verhältnissen aufgewachsen, irritationsfrei katholisch erzogen, hatte früh die Schule verlassen. Gegen gerade Wege rebellierend, war er in Frankfurt zur Studentenbewegung gestoßen, ohne Student zu sein. Ein verbissener Autodidakt, fand er eine Umgebung, die ihn weiterbrachte. Er gehörte zum offensiv militanten Flügel der Häuserkampfbewegung, vermied aber das Abrutschen in den Terrorismus. Früh erkannte er die Chancen, die in der grünen Partei steckten, und er machte dort kraftvoll Karriere, wobei er den Einsatz populistischer Brillanz ebensowenig scheute wie die Aura unterschwellig spürbar gemachter Gewalt.

Die Demokratiediskussionen der sechziger Jahre hatten Fischer offensichtlich nicht mehr erreicht. Er bedient sich der 68er – auf mehr oder weniger respektvolle Weise –, aber er ist keiner von ihnen. Er ist überaus wandlungsfähig. Niemand nach Kohl hat auf dessen Gebiet, in der Europapolitik, das, was Helmut Kohl von Beginn seiner politischen Laufbahn an wollte, so konsequent fortgesetzt wie Fischer.

Beide, Otto Schily und Joschka Fischer, unterhalten ihr ständiges Feriendomizil in der Toskana. Bei beiden ist nicht erkennbar, was sie davon haben.

Da ist der 68er Gerhard Schröder anders. Er sieht in jeder Lage und in jeder Verkleidung so aus, als käme er aus einem Film von Rainer Werner Fassbinder. Wohl kaum zufällig: Dieser Regisseur, Jahrgang 1947, ist gewiß der Mann seiner Generation, der mit seiner Lebensleistung weltweit die größte Anerkennung gefunden hat. Schröder, 1944 geboren, als Sohn einer Kriegerwitwe auf dem Dorf aufgewachsen, nicht zuletzt im Fußballverein zu Selbstbewußtsein gekommen, machte das Abitur auf dem zweiten Bildungsweg. Die dazu nötige Zähigkeit und Härte mag ihm bei den traditionellen Sozialdemokraten Anerkennung verschafft haben und im Wettstreit mit anderen 68ern in den SPD-Gremien das Durchsetzungsvermögen, das den Rückenwindpolitikern seiner Generation fehlte. Schröder hatte es sich nicht leisten können, als Student in der Weise der 68er aufzufallen. »Die Jusos in Göttingen«, schreibt sein Biograph Jürgen Hogrefe (*Gerhard Schröder – Ein Porträt*), »wählten ihn 1970 als eines von drei Mitgliedern in einen Kollektivvorstand. Die beiden anderen kümmerten sich um Marxismus-Schulung und Bildungsarbeit – Schröder, der als gemäßigter Rechter galt, war ›zuständig für Kontakte zur Partei, Kasse und Öffentlichkeitsarbeit‹, wie er heute schmunzelnd erzählt: ›Ich war ja damals theoretisch unbedarft. Aber die Aufgabe, die sie mir übertrugen, das war praktisch die eines Generalsekretärs.‹« Wann immer man in der SPD eine Führungsfigur brauchte, der man zutrauen konnte, in schwierigen Momenten die 68er und den Rest der Partei zusammenzuhalten, verfiel man auf Schröder. Diese Fähigkeit brachte ihn ins Kanzleramt.

Stellt man die vier prägenden Figuren der ersten rotgrünen Bundesregierung bei ihrem Antreten nebeneinander und vergleicht sie nach ihrem Lebensweg, so fällt auf, daß bei dreien – Schröder, Lafontaine, Fischer – der lange Marsch zumindest auch ein Marsch zum gesellschaftlichen Aufstieg ist. Diese drei haben mit ihrem Aufstieg ihre Lebensverhältnisse radikal verändert – vergleichbar einem Fußballprofi, der von einem der Arbeitervororte ins Villenviertel gelangt. Das unterscheidet sie von jenen Studenten, denen Jürgen Habermas 1967 attestiert hatte, der historisch überholten Leistungsideologie den Rest zu geben. Die Chance dieser 68er war die Politik – nicht unbedingt, um Revolution zu machen. Die Revolutionsverliebtheit anderer war ihre Sache nicht. Aber von dem Schwung, der durch die 68er in die Politik kam, haben sie mächtig profitiert – wie von dem Stil, der auch, wo geeifert wurde, frei von innerem Zwang zu sein schien. Sicherlich hatte von ihnen Fischer die größten Distanzen zu überwinden. Auch deshalb, weil er bewiesen hat, daß das möglich ist, steht er in der Gunst der Bevölkerung am höchsten.

Für Schily bedeutete es keinen gesellschaftlichen Aufstieg, mit einem klassischen Ministerium betraut zu werden. Eher war es die bürgerliche Reputierlichkeit, die er wiedergewann, insofern ist seine SPD-Karriere Teil eines nicht so langen Marsches zurück: Jetzt paßt seine öffentliche Rolle wieder zu seinen Anzügen.

Der Marsch durch die Institutionen hatte stattgefunden, die Marschierer waren ins Ziel gekommen. Aber das Gepäck, mit dem sie aufgebrochen, trugen sie nicht mehr mit sich. Wenn die, die angekommen waren, es je bei sich gehabt hatten. Die Ideen- und Themengeber der sechziger Jahre waren keine 68er gewesen. Die Heroen der sechziger Jahre waren früher oder später aus unterschiedlichen Gründen von der Bühne der großen Politik verschwunden – bis auf Daniel Cohn-Bendit, der in den bewegten Jahren bei jeder großen Veranstaltung, die er besuchte, in der Tür zwischen Saal und Eingangsbereich stand, umgeben von einer treuen Anhängerschar. Von dorther versuchte er, den Ablauf des Geschehens zu chaotisieren – so sahen es die Veranstalter – oder interessant zu machen – so erlebte es das Publikum. Cohn-Bendit, Europa-Parlamentarier nacheinander für die deutschen Grünen und für die Grünen Frankreichs, Barrikadenkämpfer im französischen Mai '68 und in der APO der Bundesrepublik Deutschland, ein Kind der Pariser Emigrantenszene, ein waches Temperament – er hatte früh Gelegenheit, mit der Philosophin Hannah Arendt zu diskutieren –, der am wenigsten vernagelte Kopf der Frankfurter linken Szene und ein Antikommunist *sans phrase*.

Daniel Cohn-Bendit in einem Satz: ein extremer Individualist, der sich im Klamauk wohlfühlt und die Massen begeistert. Ein 68er.

Vor allem auch darin, daß er Führungsaufgaben scheute. In seinem politischen Auftreten wird stärker als bei jedem anderen der Zug sichtbar, an dem Ende der sechziger Jahre der SDS scheiterte und aus dem auch einiges von der praktischen Folgelosigkeit der Revolte zu erklären ist: Die Führer konnten die Bewegung der Massen nicht auf die Handlungskompetenz an der Spitze übertragen. Die Führung war es, die bei der Wahrnehmung organisatorischer Aufgaben den Zusammenhang mit der Basis verlor und ins Abseits der aktuellen Diskussionen geriet. Die Wortführer, die auf den überlaufenen Kongressen zu Themen der großen Politik den Ton angaben und auf Delegiertenkonferenzen die Abstimmungen zu steuern wußten, stellten sich konsequent nicht mehr für Kandidaturen und Ämter zur Verfügung. Das war das Ende.

Cohn-Bendit kann indes ebenso als eine Art Symbolfigur dafür gelten, daß viele Deutsche seit 1968 der Eloquenz noch mehr mißtrauen als vorher schon. Gespräche sind in Deutschland Verabredungen, gemeinsam Dinge zu sagen, die sich für die Beteiligten von selbst verstehen. Daher gibt es im Deutschen das Sprichwort: Kinder und Narren sagen die Wahrheit – sie tun das deshalb, weil sie in Gesprächssituationen störend eindringen und, sofern genötigt, etwas vorzubringen, kaum etwas anderes artikulieren können als die Wahrheit, wo sie bisher unerwähnt blieb. Auch die 68er sind Ruhestörer, seit sie zurückdenken können. Aber als Erwachsene und Arrivierte, wozu das Leben sie gemacht hat, haben sie es nicht nötig, überall und immerzu die Wahrheit zu sagen – sie können es, aber sie können es auch lassen. Deshalb hat ihre Eloquenz für viele etwas Beunruhigendes. Sie geben den älteren und jüngeren Gesprächspartnern das

Gefühl, man könne sich bei ihnen auf die Verabredung, die das Gespräch darstellt, nicht verlassen. Die 68er geben kaum zu erkennen, was sie mit einem Gespräch wollen, stets wirken sie lässiger, dann aber auch aufgeregter, sicherer, dann aber auch skeptischer, präziser, dann aber auch wieder abstrakter als andere. Sie scheinen genau zu wissen, was sie wollen, und sind gleichwohl nicht festzulegen auf das, wovon im weiteren zu reden wäre. Es fehlt ihnen die ausweglose Ernsthaftigkeit. Sie sprechen über Politik wie über Fußball und nennen die Namen berühmter Kicker, als zitierten sie einen Heiligenkalender. Sie geben sich vollkommen unüberzeugend überzeugt von dem, was sie vortragen. Sensibel und ruppig zugleich, setzen sie ein gewinnendes Lächeln auf, um vorab schon anzudeuten, daß ihnen sowieso recht gegeben werden wird. Auf ihre Neigung zum Konformismus angesprochen, würden sie sagen: Was ist daran konformistisch, wenn man übereinstimmt darin, daß zwei plus zwei vier ist. So sind sie nicht nur die geborenen, sondern auch die gesalbten Erben deutscher Konsenspolitik.

Die erste rot-grüne Bundesregierung trat 1998 nach den Worten ihres Kanzlers an mit der Absicht, nicht alles anders, aber vieles besser zu machen als die Vorgänger. Richtig ist, daß sie in vier Jahren das Gewohnte nicht besser gemacht hat, aber anderes gut. Niemand würde darauf kommen, daß etliche Regierungsmitglieder, beim Kanzler und Vizekanzler angefangen, als junge Menschen die Jahre in Universitätsstädten zugebracht haben, als man denken konnte, jeder lerne dort die marxistischen Klassiker auswendig und genieße dazu die Texte der Suhrkamp-Kultur als linkes Kabarett. Sie haben das alle mehr oder minder getan – aber da hatten sie, die 68er, ihre Prägung schon weg. Sie ließen sich von den großen Brüdern zur Marx-Lektüre anleiten, doch sie blieben nicht dabei. Diese großen Brüder liefen fortan neben ihnen her: sie hatten beim CDU-Kanzler nichts zu sagen gehabt und merkten zu spät, daß sie bei den 68ern auch nichts zu sagen hatten.

Der spektakulärste philosophische Schriftsteller nach Habermas – und seit Jahren sein auffallendster Gegenspieler – ist Peter Sloterdijk (Jahrgang 1947). Beide publizieren im Suhrkamp Verlag. Habermas fand eine Zeitlang Gefallen daran, sich als Neomarxisten zu bezeichnen. Für Sloterdijk wäre der Titel schlicht falsch, dennoch mußte man ihn einmal als einen Mann der Linken einschätzen. In seiner berühmten *Kritik der zynischen Vernunft* gibt es eine Haßtirade auf Gustav Noske, den SPD-Verteidigungsminister, der nach dem Ersten Weltkrieg die deutsche Revolution niederschlagen ließ. Bei solchen Geschichten wurden die 68er Linke, und durch die Erinnerung daran blieben sie es. Nimmt man zwei andere Philosophen der Generation aus dem Frankfurter Verlagshaus hinzu, Manfred Frank aus der hermeneutischen Schule Heidelbergs und Manfred Sommer, der in unabhängigem Anschluß an Blumenberg die Phänomenologische Forschung fortzusetzen sucht, nimmt man, wieder aufs Spektakuläre sehend, aus der 68er Generation einen philosophischen Schriftsteller wie Rüdiger Safranski oder einen so umtriebigen Philosophieprofessor wie Volker Gerhardt, so kann man wenigstens das sagen, daß infolge ihrer Tätigkeit die Werke der orthodoxen Linken des 19. und 20. Jahrhunderts heute nicht mehr präsent sind. Auf die Gegenwart der Jahre 1998 bis 2003 bezogen, waren sowohl Marx als auch die Frankfurter Schule folgenlos. Eher sind in den intellektuellen Diskussionen zur Zeit der letzten Jahrhundertwende die Franzosen wichtig – Foucault und Derrida –, und über diese Franzosen hinaus deren bedeutende Lehrmeister: Nietzsche und Heidegger. Simmel und Benjamin sind deshalb nicht verschwunden. Aber wo Vergangenes neu eingesammelt wird, geschieht dies durch die 68er und die, die nach ihnen kamen, längst auf sehr viel breiterer Ebene, als das in den sechziger Jahren der Fall war.

Ähnliches läßt sich früh bei Rainer Werner Fassbinder beobachten. Dem evangelischen Pressedienst *Kirche und Film* sagte er, der 1968 im Pariser Mai von der Polizei festgenommen worden war: »Wir sind Partisanen. Wie Che. Guerilleros. Es wird von uns immer erwartet, wir müßten mit dem SDS absolut konform gehen. Nicht die Bohne.« Zunächst dreht er die Filme, die er bewundert, etwa die von Howard Hawks und Raoul Walsh, mit seinen Mitteln nach und überträgt sie in das Milieu, das er schaffen kann (*Liebe ist kälter als der Tod*). Er geht auf sozialkritische Themen zu, aber mit fortschreitendem Erfolg bemüht er sich nicht nur um eine neue Film-Ästhetik – er holt sich dafür auch Schauspieler, die einst von den großen Brüdern, die den neuen deutschen Film kreieren wollten, ins Abseits gedrängt worden waren: Brigitte Mira, Luise Ullrich und den – durch die Sissi-Filme scheinbar unrettbar abgestempelten – Karl Heinz Böhm. Er bemüht sich um den schon zurückgezogen lebenden Regisseur Douglas Sirk, der als Detlef Sierck Deutschland verlassen hatte und in Hollywood zu Ruhm gekommen war. Er versucht sogar, Leni Riefenstahl, die Regisseurin der Filme über Hitlers Parteitag 1934 und die Olympischen Spiele 1936, für Standaufnahmen zu seinem Film *Querelle* nach Genet zu gewinnen. Dies alles zusammen mit frühen und später hinzugekommenen Mitarbeitern seiner Truppe, der »fassbinder factory«. Es scheint, daß er wie ein Kind alle, die er mochte und von denen er etwas erwartete, um sich haben wollte.

Und er griff bei den Stoffen auf die Welt der Großväter zurück, mit dem Stil der Verfilmung von *Effi Briest*, mit Nachkriegsmelodramen wie *Die Ehe der Maria Braun*, vor allem aber mit seiner grandiosen Fernsehserie *Berlin, Alexanderplatz* nach dem Roman von Alfred Döblin. Immer – und vielleicht am meisten bei der Döblin-Verfilmung – war es Fassbinder darum zu tun, die Dimensionen individueller Erfahrungen in Spannungen und Glücksmomenten auszumessen. Am krassesten trug er dies in seinem Beitrag zu dem Episodenfilm *Deutschland im Herbst* (1978) vor: Da ist er der junge Mann, der in panische Angst verfällt vor der Staatsmacht, deren Reaktion auf einen Terroranschlag er nun erwartet.

Zu Beginn seines 2002 erschienenen Essays *Luftbeben. An den Quellen des Terrors* schreibt Peter Sloterdijk über das, was das 20. Jahrhundert an »unverwechselbar eigentümlichen Merkmalen in die Geschichte der Zivilisation eingebracht« habe: »Wer die Originalität der Epoche verstehen will, muß in Betracht ziehen: die Praxis des Terrorismus, das Konzept des Produktionsdesigns und den Umweltgedanken. Durch das erste wurden die Interaktionen zwischen Feinden auf postmilitärische Grundlagen gestellt; durch das zweite gelang dem Funktionalismus der Wiederanschluß an die Wahrnehmungswelt; durch das dritte wurden Lebens- und Erkenntnisphänomene in einer bisher nicht gekannten Tiefe aneinandergeknüpft.«

Es sind auch hier die Erlebnisräume, die dem Kind und dem Heranwachsenden durch die anwesenden älteren Generationen eröffnet und nahegebracht wurden: durch die Großväter der Gaskrieg des Ersten, durch die Mütter (die Väter waren an der Front) der Luftkrieg des Zweiten Weltkriegs, in der eigenen Wahrnehmung die Veränderung der Warenwelt in der Konsumgesellschaft, schließlich in der Versammlung der Eindrücke unter dem Gefühl der Sorge oder der Angst: der Umweltgedanke. Der Gasangriff zerstört ohne Unterscheidung von Freund und Feind, ohne Herstellung einer Kampfsituation die Lebensmöglichkeit auf dem Schlachtfeld. Der Terrorangriff der Bomberflotten zerstört die Lebenswelt Stadt, und mit dieser Zerstörung ist unterschiedslos auf die Tötung der in ihr lebenden Menschen gezielt. Das Produktdesign unterwirft die Wahrnehmung des Menschen einer Ästhetik, die an der Funktion der Geräte entwickelt ist. Umweltpolitik als Präventionspolitik gegen den länderzerstörenden Verbrauch von Ressourcen, gegen die Vergiftung der Lebenswelt durch Optimierungsmaßnahmen in der Produktion, für den Schutz von Verbrauchern bei Lebensmitteln und anderen Dingen des täglichen Gebrauchs – bei prognostiziertem gewaltigem Ansteigen des Lebensmittelbedarfs weltweit.

Bemerkenswert bei dieser Zusammenstellung ist der stets wiederkehrende Aspekt individueller Erfahrung, durch den die Hinweise Brisanz gewinnen.

Beleuchtet man die Schwerpunkte der Amtszeit der ersten rot-grünen Bundesregierung, fällt auf, daß die Leistungen ihrer Minister dort beachtlich waren, wo es um Fragen des individuellen Lebens ging. Staatsangehörigkeitsrecht, die Ermöglichung der Ehe von gleichgeschlechtlichen Paaren, Intensivierung des Umweltschutzes als Verbraucherschutz, Öffnung von sicheren Lebensräumen für Asylbewerber, Kriegsflüchtlinge, Armutsflüchtlinge. Ein Ausgangspunkt für das Engagement auf allen diesen Politikfeldern – es ließe sich der Ausstieg aus der Atomenergie hinzufügen – ist die Angst.

Dahinter sind die großen politischen Themen der sechziger Jahre zurückgetreten, ohne aufgegeben worden zu sein. Zwei Kriege hatten Deutschland in die größte Katastrophe seiner neueren Geschichte gestürzt. Aber Krieg und Kriegsbereitschaft sind ein halbes Jahrhundert später keine verpönten Worte mehr. Bundeswehrsoldaten mußten in Zeiten rot-grünen Regierens erstmals in einen Krieg ziehen. Die Parole »Nie wieder Krieg« ist verabschiedet. Krieg als staatliche Aktionsform rangiert nicht mehr an erster Stelle, wenn es darum geht, was angst macht. Krieg als Bedrohung des Individuums ist im Deutschland der Enkel und Urenkel zuwenig gegenwärtig.

Die lang anhaltende Arbeitslosigkeit zu Beginn der dreißiger Jahre hatte dazu beigetragen, Deutschland in die größte politische Katastrophe seiner Geschichte zu stürzen. Bundeskanzler Schröder begann seine Regierungszeit mit dem Versprechen, daß sich im Laufe der vor ihm liegenden Legislaturperiode die Arbeitslosenzahl deutlich senken werde. Dieses Versprechen wurde, als die Meßlatte auf den Tisch kam, als unklug abgetan, der Politiker als Großmaul verlästert. Doch es war einfach so, daß Arbeitslosigkeit kein Thema der 68er gewesen war; sie selbst hatten sie nicht erlebt, die Väter zählten für sie nicht. Massenarbeitslosigkeit als nationale Katastrophe war auch im Sozialstaat Bundesrepublik nicht anschaulich. Massenarbeitslosigkeit tauchte als Problem in den Zahlen des Finanzministers auf. Aber Zahlen konnten auch wieder anders werden. Dadurch ließen sich die 68er, die ihre Jobs, ihre Gehaltserhöhungen und ihre Urlaubsorte sicher hatten, die Abende ihrer Tage nicht bitter machen.

Aber noch ein Drittes kennzeichnet die Regierungszeit der 68er mit der roten und der grünen Partei. Nachdem Bundeskanzler Helmut Kohl 1998 abgewählt worden war, kam heraus, daß die CDU ihre Parteiarbeit mit illegalen Spenden finanziert hatte. Kohl räumte ein, in einigen Jahren hohe Beträge persönlich erhalten zu haben, die er nicht, wie im Gesetz vorgeschrieben, im Rechenschaftsbericht der CDU angab und die er auch nach eigenem Gutdünken in der Partei verwandte. Die Namen der Spender wollte er nicht nennen, da schützte er vor, an Versprechen gebunden zu sein. Das war nicht nur ein Skandal, das waren zwei, und Kohls Ansehen in der Bevölkerung sank rapide. Ein Untersuchungsausschuß mußte her, und der hatte obendrein zu prüfen, ob während der Regierungszeit Kohls Schmiergelder zur Beeinflussung des Regierungshandelns geflossen und ob Akten zu wichtigen Vorgängen, die im Kanzleramt verschwunden waren, vernichtet worden seien.

Das waren schwere und plausible Vorwürfe. Andererseits waren es Vorwürfe, die sich, auch wenn sie zutrafen, mit vergossener Milch befaßten. Der Untersuchungsausschuß mußte zum Tribunal werden, und als Tribunal tat er Wirkung. Die Mehrheitsparteien des Parlaments allerdings produzierten diese Wirkung allzu effekthaschend, *non sine causa, sed sine fine*. Nicht ohne Grund, aber ohne Ende. Zu sehr liebten sie die Denunziation des politischen Gegners, damit waren sie groß geworden, darin kannten sie sich aus. Da konnten sie sich moralisch gerieren. Bis in die letzten Wochen vor Ende der Legislaturperiode tagte der Untersuchungsausschuß. Wenn zur Arbeit der rot-grünen Bundesregierung bisweilen angemerkt wurde, ihre Leistungen seien zuwenig bekannt geworden, hängt das auch damit zusammen, daß die rot-grünen Parteien selbst dafür sorgten, daß wenig Zeit blieb, davon zu reden.

Doch dieser für die 68er typische Fehler bedeutet wenig im Vergleich zu den Fehlleistungen, die den Regierenden unterliefen, weil sie – ein Tadel, der sie seit ihrer Schulzeit begleitete – zu unausgeglichen waren. Was sie nicht interessierte – in der Arbeitsmarktpolitik, in der Steuerpolitik –, betrieben sie so nachlässig, daß sie ihren Gegnern innerhalb und außerhalb des Parlaments zu viele Angriffspunkte lieferten. Was sie aber interessierte – Staatsangehörigkeit, Homoehe, Zuwanderung –, verfolgten sie mit so elitärem Anspruch, was Modernität und Moral der Gesellschaft anbelangte, daß große Teile der Bevölkerung entweder reserviert blieben oder in Ablehnung verharrten. Ende der sechziger, Anfang der siebziger Jahre hatten die Große Koalition und die sozialliberale Koalition gesellschaftspolitische Reformen ins

Gesetzeswerk gesetzt, die in der Bevölkerung längst als überfällig galten, wenn überhaupt noch bekannt war, was durch Reform abgeschafft wurde. Davon konnte dreißig Jahre später kaum die Rede sein.

Die 68er bestätigten das gegen sie ohnehin stets lebendige Vorurteil, sie vernachlässigten wichtige Dinge – Bekämpfung der Arbeitslosigkeit –, um sich ihren Hobbys um so vergnügter widmen zu können. Das damit verbundene Image vertrug sich schlecht mit dem hohen moralischen Ton, den die 68er immer noch anzuschlagen verstanden, wenn sie dann überraschend wieder den militärischen Plänen der USA im Nahen Osten widersprachen und eine Teilnahme der Bundesrepublik an einem Krieg gegen den Irak kategorisch ablehnten. Wobei sie klug mit einer kaum beachteten Differenz spielten zwischen dem, was es für die Deutschen bedeutet, an einem Krieg teilzunehmen, und dem, was die Nato-Verbündeten tatsächlich von Deutschland erwarteten. Und was in Berlin auch nicht verweigert wurde. Die 68er setzten hier fort, was immer schon eine ihrer Spezialitäten gewesen war, das Spiel mit Eindeutigkeiten im Uneindeutigen: Wir lieben die Revolution, aber wir lassen uns von niemandem vorschreiben, wohin sie führen soll.

Der Göttinger Parteienforscher Franz Walter hat im Sommer 2002 beobachtet, daß die 68er, die »das Bild der Sozialdemokratien im westlichen Europa bestimmen, mittlerweile erschöpft, ausgelaugt und verschlissen« wirken: »Und da im Grunde alle ihre früheren politischen Träume und Hoffnungen verflogen und verloren sind, neigen sie eher zur Melancholie, mehr zur Resignation als zur politischen Courage und kreativen Verwegenheit.« Er verweist auf eine »enttraditionalisierte und gewerkschaftsferne Unterschicht«, die mehr an »cash« als an »Solidarität« und »Nachhaltigkeit« interessiert sei. »Die neuakademischen Sozialdemokraten«, schreibt Walter, Jahrgang 1956 (man könnte von den kleinen Brüdern der 68er sprechen), in einem dem Essay für den Berliner *Tagesspiegel*, »waren vielfach postmaterialistisch eingestellt; die jungen Arbeiter der neuen Unterklasse dagegen hatten für Ökologie, Homoehe, Frauenquoten und Einwanderungsgesetze nicht das geringste übrig.«

Schon 1968 hatte Erwin K. Scheuch, einer der älteren Brüder, am Ende seines Aufsatzes über das »Gesellschaftsbild der Neuen Linken« den Erfolg der Bewegung mit ihrem elitären und wirtschaftsfeindlichen Charakter erklärt: »Sie haben keinen rechten Zugang zu den Entwicklungen der Industriegesellschaften.« Und letztlich gehe es darum: »Diese Intellektuellen möchten wieder relevant werden.«

Was haben die 68er getan, daß sie so von beiden Seiten der Generationengrenze attackiert werden? Und daß es von ihnen stets hieß, zu ernsthaften Dingen seien sie nicht verwendungsfähig?

In der Generation der 68er gibt es so viele individuelle Biographien wie in jeder anderen Generation auch. Aber, wie sich nun zeigt, haben sie ein unerklärtes Projekt zuwege gebracht, für das sie vielleicht allein aus ihrer Prägung als Generation befähigt waren, wie sie sich in ihrer Kindheit vollzog. Die 68er haben die zivilisatorischen Ideale eines Bürgertums, wie es bei ihren Großeltern noch in Restbeständen vorhanden war, über die geschichtliche Katastrophe der totalen Enthumanisierung, die durch die Generation ihrer Väter ein Teil ihrer Gegenwart war, zu retten und zu ergänzen versucht. Dazu haben sie sich, subjektiv enthusiasmiert, aber objektiv instrumentell der Ziele, der Vorbilder, der historischen Unangreifbarkeit der Arbeiterbewegung und der sozialistischen Ideen bedient. Im Prozeß ihrer intellektuellen Entwicklung haben sie erst ihre politische Herkunft aus dem Bürgertum verraten, dessen moralisches Recht sie später neu begründen wollten. Und sie haben auf ihrem Weg die Interessen derer, die ehedem die Arbeiterbewegung verkörpert hatten, hintangestellt, also diese auch verraten, nachdem sie ihnen zuvor vieles vom historischen Erbe der Arbeiterbewegung fortgenommen hatten. Sie brachten als Enkel Adenauers das westdeutsche Bürgertum an das zivilisatorische Niveau der westlichen Welt heran, ohne – und das ist ihre imponierende Leistung – die deutsche Geschichte vor 1945 zu ignorieren und ohne auf die Achtung vor der deutschen Geschichte vor 1933 zu verzichten. Nur so war es möglich, im kritischen Selbstbewußtsein der Nationen zu den Nachbarn aufzuschließen. Das wäre vielleicht unter den von Adenauer aus pragmatischen Gründen geschaffenen Bedingungen des gesellschaftspolitischen Lebens in der Bundesrepublik nicht möglich gewesen, wenn die in Deutschland weitgehend unverbrauchte historische Ressource des Sozialismus und der Arbeiterbewegung nicht den Rückhalt geschaffen hätte, von dem aus die in Schuld und Schweigen erstarrten Verhältnisse in Bewegung zu bringen waren. Mit solchen Strategien macht man sich keine Freunde. Und deshalb war es nicht verwunderlich, daß 2002 die Unionsparteien lange Zeit wie der sichere

Sieger der Bundestagswahl aussahen – und das noch am Wahlabend.

Zum ersten Mal seit Jahrzehnten wußten die Deutschen am Abend des 22. September 2002 auch um 20 Uhr, zur *Tagesschau*-Zeit, noch nicht, wer die Wahl gewonnen hatte. Sie mußten noch einige spannende Stunden warten, und erst nach Mitternacht stand der hauchdünne Sieg von Rot-Grün fest. Noch knapper war der Vorsprung der SPD vor der Union ausgefallen. Adenauer war ein halbes Jahrhundert früher stets zur gewohnten Zeit schlafen gegangen und hatte sich das Wahlergebnis am nächsten Morgen mitteilen lassen. Bei aller generationstypischen Gelassenheit: Solches Gottvertrauen hatte Schröder nicht. Er durchlitt einen qualvollen Abend.

Zehntes Kapitel

Ein Zweikampf

Es hätte das dritte Desaster für einen 68er sein können. Das Jahr der 15. Bundestagswahl, 2002, hatte schon zweimal das Schauspiel geboten, daß ein Jüngerer von einem Mann der älteren Generation abgelöst wurde. Der Bertelsmann-Konzern hatte sich von Thomas Middelhoff, dem 48 Jahre alten Vorstandsvorsitzenden, getrennt, die Deutsche Telekom hatte Ron Sommer, den Wunderknaben von einst, in die Wüste geschickt. In beiden Fällen wurde damit nicht Platz geschaffen für ehrgeizige Drängler aus der nachrückenden Generation, im Gegenteil: verdiente Koryphäen des Managements, für die es in der Lebensplanung ehrgeizige Ziele nicht mehr gegeben hatte, wurden aus dem Ruhestand zurückgeholt oder traten unvermutet an die Stelle derer, die einst an ihnen vorbeigezogen waren. Hatte es ehedem geheißen: für die Zukunft planen, weshalb junge Erfolgstypen mit langer Perspektive auf die Chefposten geholt wurden, so galt jetzt die Devise: das Bestehende sichern, konsolidieren! Gewiß auch intern in den Häusern: neu sammeln, neu sichten. Sicherlich sollte vermieden werden, sich jetzt schon auf zu lange Zeit festzulegen. Das war die Stunde des in vielen Funktionen bewährten Mitarbeiters, der nun für eine schon aus Altersgründen begrenzte Zeit an die Spitze des Unternehmens gelangte. Keine schlechte Politik der Konzerne. Die Phantasie der Unterhaltungsindustrie war dem allerdings – wie so oft – schon weit vorausgeeilt und hatte das längst in einem mehrteiligen Fernsehfilm ausgebreitet: *Der große Bellheim*. Die Rückkehr der Könner vom Altenteil, da die aktuellen Chefs versagen. Das Publikum vor den Bildschirmen war begeistert gewesen. Würde es ebenso begeistert sein, wenn das gleiche Spiel für die Politik eröffnet würde?

Der Zweikampf der Kanzlerkandidaten der Sozialdemokraten und der Unionsparteien CDU/CSU sollte 2002 die Wahl zum Deutschen Bundestag entscheiden. Diese Inszenierung wurde zum ersten Mal in der Geschichte der Bundesrepublik Deutschland auch vom Fernsehen akzeptiert: Zu zwei Rededuellen trafen die beiden Protagonisten nach amerikanischem Vorbild aufeinander, dafür waren zuvor strenge Regeln ausgehandelt worden. Verdeckt von den Gegensätzen der politischen Profile der Kandidaten und der Programme ihrer Parteien gab es da aber auch den zunächst wenig beachteten Unterschied der Generationszugehörigkeit der beiden Politiker. Bundeskanzler Schröder, Jahrgang 1944, ist ein 68er – nicht ein typischer, wie denn kaum ein Angehöriger dieser Generation überwältigend typisch für sie ist –, aber doch durch vieles auffallend geprägt, was denen eigentümlich ist, die in der zweiten Hälfte der sechziger Jahre unter den Studenten an den Hochschulen den Ton angaben. Edmund Stoiber, Jahrgang 1941, ist knapp zu alt, um zur 68er Generation gezählt werden zu können – oder zu müssen.

Beide, Schröder und Stoiber, waren relativ alt, als sie zum ersten Mal als Kanzlerkandidaten auftraten: Schröder hatte 1998 schon die 54 erreicht und meinte, in seiner ersten Amtszeit sich gegen die Behauptung wehren zu müssen, er lasse seine Haare färben, damit niemand sehe, daß er schon grau werde. Stoiber war sogar schon bei den 60 angelangt, als sich die Herausforderung der Kanzlerkandidatur für ihn abzeichnete. Seit Adenauer 1949 war nur sein politischer Ziehvater Franz Josef Strauß älter gewesen bei seinem Versuch, 1980 (gegen Helmut Schmidt) Bundeskanzler zu werden.

Schröder – und mit ihm die aussichtsreichsten Politiker seiner Generation – hatte so lange warten müssen, weil Helmut Kohl bei seinen vier Wahlkampagnen aus dem Bundeskanzleramt heraus zuletzt zweimal die Angriffe von Jüngeren hatte abwehren können, die Schröder vorgezogen worden waren: 1990 Oskar Lafontaine, 1994 Rudolf Scharping – zwei 68er. Beim dritten Anlauf, bei dem Match, das Schröder gestattet wurde, hatte dieser – wie so oft in seinem Leben – einiges Glück: Die Leute wollten Kohl nicht mehr. Das war der Sieg für Schröder und für Rot-Grün.

Stoiber indes hatte lange Zeit gar nicht mit einer eigenen Kanzlerkandidatur gerechnet oder gar darauf hingearbeitet. Solange Kohl regierte, bestand in den Unionsparteien kein Bedarf an Kandidaten für dieses Amt. Nachdem Kohl es verloren hatte, schien es zunächst nicht attraktiv zu sein, denn allen Erfahrungen der alten Bundesrepublik folgend, war zu erwarten, daß die neue Regierung nicht so rasch würde abgewählt werden. Der Eindruck änderte sich gegen Ende der ersten Legislaturperiode von Rot-Grün dramatisch. Nun zeigte sich, daß die Union aus den Jahrgängen der 68er, aber auch aus denen der ihr nachfolgenden Protestgeneration die avancierten Nachwuchstalente nicht hatte, die bereitgestanden hätten, Führungsaufgaben zu übernehmen. In der Bundespolitik gab es nur Kohls Leute. In den Bundesländern – zu Bonner Zeiten, vielleicht nur zu Bonner Zeiten, das traditionelle Reservoir für Kanzlerkandidaten – war allein der Ministerpräsident von Bayern profiliert genug, um für die mit der Herausforderung verbundene Aufgabe in Frage zu kommen. Angela Merkel schließlich fehlte, als sich für die Union unvermutet die Kanzlerperspektive ergab, die Hausmacht in der Partei, um eine eigene Kandidatur durchzusetzen.

So gingen die Unionsparteien einen Schritt zurück und stellten gegen den ältlichen Schröder keinen jüngeren Kandidaten auf – sie hatten ihn nicht –, sondern einen noch älteren. Damit war für den Zweikampf eine Konstellation geschaffen, die jener entsprach, unter der sich in den sechziger Jahren der große Mentalitätswandel der Deutschen auf dem Gebiet der alten Bundesrepublik vollzogen hatte. Es war dies zuletzt tatsächlich kein Wandel des Denkens, der intellektuellen Orientierung, der historischen Selbstvergewisserung mehr gewesen, sondern einer des Lebensgefühls. Das war entscheidend, alles andere hatte sich früher vorbereitet. Schröder und Stoiber unterschieden sich voneinander nicht durch das, was sie an politischen Einsichten in den Köpfen hatten, sondern in der Art und Weise, wie sie instinktiv damit umgingen. Stoiber war an der Universität Regensburg ein zielstrebiger Student gewesen. Das hätte man an der Universität Göttingen, an der Schröder immatrikuliert war, in den sechziger Jahren in gleicher Weise auch dann nicht sein können, wenn man es gewollt hätte. Aber Schröder war unter den Bedingungen, wie sie in der zweiten Hälfte der Sechziger herrschten, durchaus zielstrebig in seinem Studium. Da war Stoiber schon mit seiner Promotion beschäftigt, und als er die abgeschlossen hatte, ging er in die Bayrische Staatskanzlei. Schröder wurde Rechtsanwalt in Hannover.

Was beide Politiker über die kleine, aber bedeutsame Differenz der drei Jahre im Geburtsdatum hinaus unterscheidet, ist die Tatsache, daß der eine Ziehkind eines machtbewußten Chefs wurde – und der andere etwas Vergleichbares nie war. Das ist hier kein Zufall, sondern Ausdruck einer veränderten Mentalität. Ein 68er taugt nicht zum Ziehkind von irgend jemandem. Für einen Aufsteiger aus der Generation davor ist das kein Problem. Das latente Mißtrauen, das 68ern immer wieder bei Älteren begegnete, mag damit zu tun haben. Mit ihrer Entscheidung für Ron Sommer und für Thomas Middelhoff hatten ja auch die Konzerne Telekom und Bertelsmann die Angehörigen der 68er Generation bei der Besetzung der Konzernspitze übergangen. Schröder mußte sich gegen den kämpferischen Argwohn behaupten, den Johannes Rau gegen ihn hegte, ebenso war der Bochumer Wolfgang Clement – Ziehsohn Raus, fast altersgleich mit Stoiber – lange Zeit überzeugt, daß einem wie Schröder nichts zuzutrauen sei.

Das Glück, das für Schröder sprichwörtlich werden könnte, bescherte ihm in fast schon aussichtsloser Lage Stoiber als Herausforderer. Der bayrische Ministerpräsident hatte nicht nur und nicht einmal so sehr das *Handicap* seines Alters, etwas anderes sollte sich als wichtiger herausstellen. Zum einen wurde deutlich, daß es für viele Deutsche nördlich des Mains und östlich der Elbe unvorstellbar ist, einen Bayern zum Bundeskanzler zu wählen. Das mag mit dem nach wie vor bestehenden Gegensatz von katholisch-protestantisch zu tun haben, aber nicht nur. Es ist, wenn auch bei vielen nur der Einbildung nach, ein innerdeutscher Gegensatz der Kulturen, vor allem in der Politik: Was der CSU in Bayern großen Erfolg verschafft, macht ironischerweise weniger die CSU als vielmehr Bayern im übrigen Deutschland suspekt. Das war ein Punkt für Schröder, für den er selbst nichts hatte tun müssen.

Der andere ergab sich aus der Tatsache, daß Stoiber kein Mann für eine Spitzenposition ist. Je länger der Wahlkampf dauerte, um so mehr fragte man sich, wenn er auftrat: Wo ist sein Chef? Stoiber hat seine Karriere von Anfang an in der CSU, in der bayrischen Staatsregierung gemacht. Er war der Mann von Strauß, und er war Innenminister unter Ministerpräsident Streibl. Wäre Streibl 1983 nicht über die Amigo-Affäre gestürzt, wäre Stoiber bis zum Ende seiner Laufbahn Minister geblieben. Bei einem ordentlichen Zuendegehen der Karriere Max Streibls wäre zu dem Zeitpunkt, wo man über dessen Nachfolge hätte befinden müssen, Stoiber dafür zu alt gewesen. Nur durch den Unfall, der den Christlich-Sozialen mit der Amigo-Affäre zustieß, konnte Stoiber in München Regierungschef werden. Einmal an der Macht, verstand er es allerdings, seine Position auszubauen. Das heißt nicht, daß er sich verändert hätte. Stoiber blieb der zweite Mann. Aber er konnte nun verhindern, daß es in Bayern einen ersten gäbe. In den beiden Fernsehduellen zeigte Schröder, wie das zu nutzen war. Stoiber sprach wie ein vortragender Staatssekretär. Schröder gab sich als der unaufgeregte Vorgesetzte, der zu entscheiden hat. Bedenkt man bei solchen Unterschieden den knappen Vorsprung von Rot-Grün beim Wahlausgang, wird klar, wie wenig die Bevölkerung SPD und Grünen zutraute und wie sehr Schröder – und auf andere Weise Joschka Fischer – das Ergebnis zugunsten von Rot-Grün durch ihr persönliches Wirken herbeigeführt haben.

Zuletzt aber, in den entscheidenden Wochen, war es der Instinkt des 68ers, der Schröder zum Sieg nicht nur über Stoiber, sondern über die bürgerlichen Oppositionsparteien verhalf. Als der deutsche Bundeskanzler sich in der Irak-Krise klar gegen eine Teilnahme Deutschlands an einer militärischen Aktion gegen Saddam Hussein aussprach, hatte er eine Tatsache geschaffen, mit der die Union und ihr Kanzlerkandidat nicht fertig wurden. Zu Hilfe kamen dem SPD-Vorsitzenden dabei das schlechte Image des amerikanischen Präsidenten Bush und die unbeholfen-heftigen Töne, mit denen dieser zunächst den Krieg gegen den Irak als eine beschlossene – und allein von den USA zu beschließende – Sache behandelte. Hilfreich war auch, daß der amerikanische Botschafter in Deutschland, kein Diplomat von Hause aus, in dieser Sache in Berlin auftrat wie der Entsandte der Zentrale, der eine disziplinlose Nebenstelle der Firma auf Vordermann bringen soll. Das schürte im rot-grünen Lager das antiamerikanische Ressentiment und nahm den Konservativen die Lust – auch den Mut –, dem Gerede in der Bundesregierung nachdrücklich und differenziert zu widersprechen.

Es war in gewisser Weise die Wiederholung der Konstellation von 1968: Wenn die Helden von damals von revolutionären Kraftakten schwärmten, freuten sich die Linken – und die nachdenklichen Konservativen nahmen es zu Recht nicht ernst. Nur, daß die Linken von dem Schwung, den sie auf solche Weise in manche Diskussionen brachten, politisch profitierten, die Konservativen aber bei ihrer steifleinernen Überlegenheit die Zustimmung der vielen verloren.

Schröder, und das war sein Glück im September 2002, bekam von der großen Politik die Gelegenheit zugespielt, im Wahlkampf eine Situation heraufzubeschwören, wie sie in den sechziger Jahren in unzähligen Vollversammlungen an den meisten Universitäten bestanden hatte. Da wußte er die Emotionen anzufachen und die Bewegungen zu steuern. Er riskierte den Anschein, Deutschland verderbe seine Beziehungen zu Washington, zu den USA. Und er wußte wieder: Die Linken würde die Aussicht freuen, die Konservativen würden eine solche Gefahr nicht ernsthaft annehmen, mit den Amerikanern werde man sich nach der Wahl wieder arrangieren können. Damit, daß so der Sieg bei der Bundestagswahl zu erreichen war, behielt er recht. Das andere konnte er abwarten. Es war ein Sieg des alten 68ers.

Aber sehen so Sieger aus? Bezeichnend für das, was viele mit den 68ern verbinden, war auch die Nonchalance, mit der wichtige Leute in der Umgebung des Bundeskanzlers – und wohl auch Schröder selbst – sich von dem Gedanken verabschiedeten, daß Rot-Grün die Wahl gewinnen könnte. Und solche trübe Aussicht hatte sie einerseits nicht weiter bedrückt, andererseits aber auch nicht davon abgehalten, den Kampf nach bewährten Mustern aufzunehmen, als sich unerwartet eine Chance dazu ergab. Indes: Wie sehr sie sich darauf eingestellt hatten, sang- und klanglos abzutreten, ist daraus ersichtlich, daß die Regierungsmacher 2002 weniger auf das vor ihnen Liegende vorbereitet waren als 1998. Daher die unglaubliche Unsicherheit der rot-grünen Politiker in den ersten Regierungsmonaten.

Ein zweiter Anfang also. Die Biographie der 68er ist noch nicht zu Ende geschrieben, in der Politik nicht, nicht im kulturellen Leben, nicht für die öffentliche Wahrnehmung dieser Generation als einer aktiv handelnden. Ein Generationenwechsel ist nicht abzusehen. Weshalb auch. »Die deutsche Geschichte geht weiter«, sagte einmal Richard von Weizsäcker. Nachdem viele 68er erst lernen mußten, daß dieser Satz richtig ist, müssen sie sich jetzt daran gewöhnen, daß es von ihnen abhängen könnte, wie sie weitergeht.